深度陪伴
RAP
养育法

张杨（Maggie） 著

机械工业出版社
CHINA MACHINE PRESS

陪着不等于陪伴，陪伴不等于深度陪伴。本书以深度陪伴 RAP 养育法为主线，围绕一套完整的养育体系，通过 60 多个真实养育案例和 36 个深度陪伴工具，为父母提供可以实现深度陪伴的完整路径和具体方法，帮助父母用更轻松和智慧的方式构建亲密牢固的亲子关系、培养有内驱力的孩子、发展孩子的多元能力。这是一套适合中国家庭的底层养育逻辑，让每一位父母都有能力、有时间做好对孩子的深度陪伴。通过深度陪伴，给孩子最需要的爱，同时也让父母自身得到成长和滋养。

图书在版编目（CIP）数据

深度陪伴RAP养育法 / 张杨著. —北京：机械工业出版社，2023.9

ISBN 978-7-111-73440-6

Ⅰ.①深… Ⅱ.①张… Ⅲ.①家庭教育 Ⅳ.①G78

中国国家版本馆CIP数据核字（2023）第119242号

机械工业出版社（北京市百万庄大街22号　邮政编码100037）

策划编辑：刘文蕾　　　　　责任编辑：刘文蕾　丁　悦
责任校对：龚思文　李　婷　责任印制：单爱军
北京联兴盛业印刷股份有限公司印刷
2023年10月第1版第1次印刷
165mm×225mm·18.5印张·206千字
标准书号：ISBN 978-7-111-73440-6
定价：59.80元

电话服务　　　　　　　　　网络服务
客服电话：010-88361066　　机　工　官　网：www.cmpbook.com
　　　　　010-88379833　　机　工　官　博：weibo.com/cmp1952
　　　　　010-68326294　　金　书　网：www.golden-book.com
封底无防伪标均为盗版　　　机工教育服务网：www.cmpedu.com

前　言

这个世界上所有的爱都以聚合为目的，只有一种爱以分离为目的，那就是父母对孩子的爱。

——英国心理学家希尔维亚·克莱尔

孩子的一切问题，都可以用深度陪伴疗愈

我的第一本书《深度陪伴》出版之后，在这五年时间影响了很多家庭，不断有读者（主要是妈妈）通过我的书找到我，跟我表达她们的惊喜和感激。有的读者是在逛书店时偶然翻到了我的书，有的读者是在机场候机时偶然翻到了我的书，有的读者是在孩子的兴趣班翻到了我的书，有的读者是在朋友或孩子老师的推荐下读了我的书，有的读者是在网络上搜索与陪伴相关的书籍时找到了我的书……

这些惊喜和感激的背后，是一个个鲜活的小生命在父母爱的滋养下慢慢长大，是一个个焦虑的父母变得越来越从容淡定。

"在我女儿4岁左右时,我只顾着自己的感受,不允许孩子成长为她自己,也不愿意承认自己是错的。不管孩子怎么哭,我总是认为孩子错了。坚持践行深度陪伴之后,才发现自己当初是错的,后来才逐渐修复了跟孩子的关系。"

"以前我跟大部分妈妈一样,焦虑、看中分数、情绪不稳定,自从践行深度陪伴之后,我平和了很多,也自信了很多。有一天跟女儿聊完天后,女儿说,'妈妈我喜欢现在的你,你是周围的妈妈中最好的妈妈',那一刻,我觉得好幸福,自己的学习和进步也被孩子看见了。"

"我很幸运,在还没有生孩子的时候就接触了深度陪伴这个理念。现在孩子4岁,不论是深度陪伴中倡导的玩中学,还是要关注孩子的感受,我都一直坚持在做。即便有时候孩子调皮捣蛋,我没忍住说了孩子几句,也会马上觉察,然后补充一句,'妈妈永远是爱你的',所以我们家孩子的安全感满满的。"

"有一次孩子的英语老师找我,说孩子最近成绩下滑得很严重,上课不认真听讲,作业完成的质量很不好。我的下意识反应是有一点生气的,但是想到了深度陪伴,马上又冷静下来,重新回到关注孩子的感受上。周末跟孩子一起调整了学习计划,后来在期末考试中,孩子的英语成绩提高了15分。"

"有一天11岁的女儿跟我说,有个同学的东西坏了,同学冤枉她说是她弄坏的。这些事情放在以前,她会很生气、很难接受,但是那天她却一点都没生气!孩子对我说:'妈妈,是你一直学习改变对我的态度,让我知道自己才是最重要的。我要做自己,不用理会别人的评价。但是,自己做得不恰当的事情就不能这样想，要把握一个度。'第一次被孩子正面肯定，让我在这具有挑战、充满艰辛与喜悦的育儿之路上充满了动力。"

越来越多家庭的反馈，也验证了我从一开始就坚信的，孩子的一切问题，都可以用深度陪伴疗愈。

在这五年中，我的二宝雄雄也出生了，到现在已经2岁多了。老大乐乐也从书中那个喜欢问为什么、喜欢发脾气的小宝贝长成了一个大男孩。他每天都会自主阅读，爱上了科幻写作、写诗，喜欢扬琴，喜欢《我的世界》游戏，也喜欢在爸爸的指导下学习制作自己创作的游戏，喜欢思考，每天晚上睡前都会跟弟弟说"弟弟我爱你"。

每一天我都在深度陪伴我的两个孩子长大，每一天我都在深度陪伴很多妈妈们成长，让她们在被支持和陪伴的环境中变得越来越有育儿智慧，让她们和她们的孩子都能得到爱的滋养。

父母应该如何陪伴孩子长大

跟很多父母一样，我曾无数次思考过，我应该如何陪伴我的孩子长大。回想我的童年，父母对我说过最多的话就是"要听话"，要听老师的话，要听父母的话。

虽然我内心是一个"不太听话"的孩子，但是小时候自己的力量有限，迫于大人的权威，在很多情况下还是不得不听话。这种不想听话又不得不听话的影响就是，积压了很多负面情绪。升级成孩子妈妈的这十年，我花了非常多的时间去修复我不稳定的内核以及不稳定的情绪,才让自己从内而外长成了一个真正的"成年人"。

所以我绝对不希望自己的孩子重蹈覆辙,在"只能听话"的家庭氛围中长大。可是如果我们任由孩子想做什么就做什么,父母又容易走向纵容孩子、溺爱孩子的另一个极端。

所以我提出了**"陪伴层次模型"**:第一个层次是**传统陪伴**,这个层次的父母会要求孩子听话;第二个层次是**快乐陪伴**,这个层次的父母为了让孩子开心满意,甘愿为孩子做任何事情;第三个层次是**深度陪伴**,这个层次的父母既关注孩子的感受,也关注孩子的需求,处于这个陪伴层次的家庭才是对孩子成长最有益的。

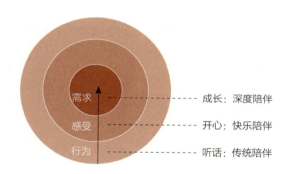

有了这个陪伴层次模型,父母可以非常清晰地定位自己当下对孩子的陪伴层次,以及未来希望成长的方向,在陪伴孩子的过程中不容易步入误区。

关于陪伴层次模型,我们在第一章开篇就会详细讲述。

适合中国家庭的深度陪伴底层逻辑

传统的亲子关系是一种父母强势、孩子听话的关系，父母不太重视孩子的感受和需求，而这种传统陪伴模式又与当前这个时代出生的孩子对尊重和自由表达的需求是相矛盾的，所以导致大部分孩子的问题都出在亲子关系层面。

三年前，有一位妈妈找我咨询。那时，她的孩子刚上小学一年级，不仅厌学，还在学校调皮捣蛋，让老师非常头疼，以至于班主任老师给她下了最后通牒，让她在一周内带孩子去医院做心理疾病筛查，她非常焦急。

我帮助这位妈妈逐步分析，最后我们发现，看似严重的厌学情绪背后，藏着孩子渴望妈妈看见"我写字很累"和"我需要妈妈像关注妹妹那样关注我"的渴求，以及孩子渴望老师看见"我希望融入班级"的渴求。

在那之前，这位妈妈一直以为孩子的问题在于"做作业拖拉磨蹭"，习惯没养好，所以不断地去纠正孩子拖拉磨蹭的问题。方向走偏了，孩子在学校又受到了双重压力，最后当然就厌学了。找到了孩子的真正需求，妈妈才知道问题其实出在"妈妈和孩子的关系"以及"老师和孩子的关系"层面，方向对了，剩下的只是时间和方法的问题。

这也是很多家庭中孩子问题的一个缩影。孩子6岁以前，大多数家庭的亲子关系看起来还是比较和谐的。孩子偶尔有些闹情绪，父母即使用粗暴的方式处理，表面上看孩子也不会有太大的问题。但是一旦孩子进入小学，家庭和家庭的差距就拉开了。

越来越多的妈妈找我咨询，孩子不想做作业怎么办，做作业拖拉磨蹭怎么办，孩子厌学怎么办，甚至有的孩子出现了抑郁倾向。在这种情况下，我发现，很多父母居然还在继续用千篇一律的"管教"思路去陪伴孩子成长。

比如，孩子不想做作业，就跟孩子一起设定一个规则，让孩子自己说要怎么做，再配上相应的奖惩机制，如果做到了会给什么奖励，没做到要接受什么惩罚。

看似好像很民主，都是跟孩子商量好的，也都是让孩子自己去体验所谓的"自然结果"，还顺便教会了孩子要学会为自己做出的承诺"负责"。但结果却是，孩子越来越不想跟父母袒露心声，越来越"叛逆"，越来越"讨厌学习"，跟父母越来越"疏远"。

这些父母其实非常用心，也学习过很多育儿方法，但结果依然是抓狂和迷茫，为什么？

其实问题就出在陪伴的重点和方向与孩子当下真正需要的陪伴不匹配上。比如，明明孩子这个阶段最需要的是父母的关怀，父母却继续给孩子设定规则并且继续施压，那么当然无论父母多么努力，结果都会南辕北辙。

所以我提出了**"深度陪伴 RAP 养育法"，它可以帮助父母快速找到孩子当下真正的陪伴需求，从而让父母在陪伴孩子过程中的每一分努力都能够真正匹配孩子的需求。R（Relationship）代表亲子"关系"，A（Aspiration）代表孩子学习和探索的内在"意愿"，P（Power）代表孩子需要发展的各项多元"能力"**。本书第二章会对 RAP 养育法进行详细介绍。

如何提升父母感知孩子需求的敏感度，如何辨别哪些问题是亲子关系的问题，如何增强父母和孩子间的纽带，亲子关系有哪几个要素，在本书的第三章会有详细讲述。

如何辨别哪些问题是孩子的意愿问题，内驱力有哪三个重要引擎，如何增强孩子学习的内驱力，在本书的第四章会有详细讲述。

如何辨别哪些问题是孩子的能力问题，提升孩子能力的三大秘诀分别是什么，如何提升孩子的各项多元能力，在本书的第五章会有详细讲述。

在本书第三章到第五章中，会分享深度陪伴 RAP 养育法的 36 个便捷工具，以及 60 多个真实案例，方便父母拿来就用。

父母现在其实不缺育儿方法，而是适合自己孩子的育儿方法。

因为每个孩子都是独特的个体，每一个育儿场景都是不同家庭文化的缩影。

父母可以把深度陪伴 RAP 养育法想象成一堆乐高颗粒，每一个家庭都可以根据自己的陪伴现状，去搭建出与自己当下陪伴问题匹配的"乐高"形状，这就是帮助大家实现深度陪伴的最匹配、最个性化的方案。

父母学会了深度陪伴 RAP 养育法，就能够具备陪伴孩子成长的整体观和系统观。同时，父母在遇到具体的育儿挑战时，就有能力快速精准地定位当下问题的重点和方向，让陪伴孩子的行为有的放矢。

我相信，有了深度陪伴 RAP 养育法这样一套简单、容易入门、适合中国家庭的底层养育逻辑，每一位父母都有能力、有时间做好对孩子的深度陪伴，给予孩子最需要的爱。

现在请跟我一起，开启深度陪伴之旅吧！

目 录

前言

第一章
深度陪伴,给孩子最需要的爱

测测看你在哪个陪伴层次	002
陪伴层次模型	002
深度陪伴,既要快乐也要成长	015
给孩子最需要的爱	020
当经验不再奏效时,就是父母成长的契机	020
父母的两种思维模式	022
期待落空的四种父母	025
成为深度陪伴型父母的成长路径	033

第二章

RAP 养育法，实现深度陪伴的好抓手

深度陪伴，RAP 三个要素缺一不可　　　　　　　　　　040
深度陪伴的递进顺序：R-A-P　　　　　　　　　　　　045
深度陪伴解决问题的路径：P-A-R　　　　　　　　　　048

深度陪伴 RAP 养育法，离不开妈妈爱自己　　　　　051
停止抱怨、开始爱自己的妈妈　　　　　　　　　　　　051
深度陪伴的前提是妈妈的能量状态　　　　　　　　　　052
给自己的情绪银行定期储蓄　　　　　　　　　　　　　055
用生命生孩子的女人，配得上任性和骄傲　　　　　　　059

深度陪伴 RAP 养育法，让孩子的成长没有天花板　062

R 第三章
关系，构建亲密牢固的亲子关系

对亲子关系的四种错误认知	066
亲子关系的四个核心要素	068
看见：看见孩子的真实自我	075
不打扰孩子，才能看到他本来的样子	076
不急于评判，了解事实的真相	081
孩子无理取闹的背后是未被看见的需求	086
你想要的孩子就在你面前，你却看不见	091
接纳：接纳孩子本来的样子	094
界限清晰，认清孩子的需求	095
你眼中孩子的缺点，都源自你自己的预言	098
抗拒的背后是感受没有得到认同	102
安抚：安抚孩子的心灵	106
成为孩子的情绪稳定器	107
多拥抱孩子，不要让孩子"皮肤饥饿"	110
沉默和忽视，是对孩子最大的伤害	112
任何时候，都可以用"道歉"来修复亲子关系	116
相信：不论怎样都先相信孩子	121
孩子不会无缘无故让我们为难	121
允许孩子犯错，才是成长的捷径	124
放下担心，孩子才会成为你期待的样子	129
孩子需要商量，而不是你一厢情愿的意志	133

第四章
意愿，培养有内驱力的孩子

四种学习内驱力，只有一种最有益	140
提升孩子内驱力的三大引擎	144
胜任感：让孩子行动更积极	**149**
帮孩子放松，不要让他觉得"学习本身是痛苦的"	150
多让孩子体验"有能力帮助别人"的感觉	154
孩子做得不好时，也值得鼓励	157
降低难度，每个孩子都能做好	162
自主感：激励孩子自发去做	**166**
让孩子自己体验前面的"坑"，他才有意愿去改变	167
给孩子选择权，孩子才知道他永远都可以选择	172
孩子不想做作业，用梦想激发孩子的热情	177
家有起床困难户，试试玩游戏	184
抓住"哇"时刻，让孩子体验心流	188
有条件的爱，造就虚假的独立和自律	192
联结感：情感的联结给孩子满满的动力	**196**
换个氛围，孩子大不一样	196
每一个小小的成长，都值得用心庆祝	200
从"做不到"变为"再试试"，榜样的力量影响孩子的态度	204

第五章
能力，智慧地发展孩子的多元能力

从关注孩子的成绩到关注孩子的多元能力	212
促进孩子能力发展的三大秘诀	215
聚焦优势，父母是孩子的伯乐	221
发挥天赋，孩子越来越自信	222
放大优点，每个孩子都是一颗闪亮的星	229
搭建脚手架，助力孩子成长	234
通过复盘，教孩子把过去的成功经验迁移到未来	235
启发式提问，激活孩子的多元思考能力	240
拆解目标，让孩子体验时间的复利	246

| 三个步骤，提升孩子解决问题的能力 | **251** |
| 孩子抱怨时，是给孩子示范重构思维模式的好机会 | **255** |

顺势而为，轻松培养孩子的多元能力   **260**
孩子自己尝试的失败，比别人代劳的成功更可贵	**260**
每个孩子都有自己的成长节奏	**264**
抓住学习的最佳时机，孩子的成长事半功倍	**268**

后记
| 深度陪伴RAP养育法，赋能父母成为更好的自己 | **276** |

ARP

01

第一章

深度陪伴，
给孩子最需要的爱

测测看你在哪个陪伴层次
给孩子最需要的爱

测测看你在哪个陪伴层次

陪伴层次模型

我见过很多父母，明明希望孩子成为一个能独立思考、有主见的人，但是经常对孩子脱口而出的话却是"宝宝乖""要听话"。当孩子不听话时，父母也不知道应该如何才能让孩子听话，于是只能采取打骂的方式。

"听话"这两个字，仿佛是一个魔咒，一代代传承下去，以至于有些父母在说这两个字时，有一种小时候被自己父母教育的熟悉感。

我有一位学员，她有两个孩子，老大在初一下学期就表现得非常叛逆，具体叛逆到什么程度呢？不仅父母的话一句都听不进去，还全力反抗父母，有好几次还跟爸爸动手了。有一次，妈妈在情绪失控之下打了他，他一气之下离家出走了，爸爸妈妈怎么也找不到他。当时这位妈妈特别抓狂，也特别恐慌，这才开始反思究竟是哪里出了问题。上完我的课之后，这位妈妈才意识到，孩子的叛逆跟自己经常因为孩子不听话而打骂他有关。

后来，在我们的课堂体验环节，她也感受到了孩子离家出走时的那种心情，她说："那个时候，孩子的内心一定特别恐惧。恐惧加上愤怒以及父母对他的不理解,孩子才会愤然离家出走。"接下来,她在我的课堂上一直很努力地践行深度陪伴的方法,积极修复跟孩子的关系。

有一天,她真诚地问孩子,之前妈妈做过的哪件事情让他最害怕和恐惧,孩子告诉她,有一次被妈妈打了之后他特别害怕,所以就离家出走了,第二天他一个人走在海边甚至产生过跳海的念头。这位妈妈听完孩子的话,心情非常沉重,也非常后悔,她没想到以前对孩子的打骂会给孩子的内心造成这么大的伤害,她对我说:"张杨老师,好在我及时来学习了,要不然我真的无法想象我的孩子现在会是什么样子。"

还有一些父母,明明希望孩子成为一个有同理心的人,但是自己对孩子却又无限"宽容",甚至连孩子打了自己一巴掌,都舍不得说孩子一句重话,真的是"含在嘴里怕化了,捧在手里怕摔了"。然而,父母为了孩子付出一切,换来的可能只是孩子对父母无休止的索取。

有一次我坐出租车,跟司机师傅聊天,司机师傅告诉我,他离婚后,孩子跟了妈妈,他一直有愧疚感,所以孩子要什么都买给孩子。他觉得既然忙得没时间陪伴,那就多给钱,多买东西,尽量在物质上去弥补孩子。结果却是,他的儿子高中毕业没考上大学,也无心再学习。不仅如此,孩子还眼高手低,给他介绍的工作一个都不想去,差不多处于"啃老"的状态。自己不去赚钱,但是什么都要买最好的,手机要买贵的,衣服要买品牌的。然而这位父亲还是带着愧疚感一一满足了。最让我感到吃惊的是,这位师傅跟我说,他经常都是带几个干馒头啃,自己尽量少花钱,把省下来的钱都给儿子,觉得这是他亏欠孩子的。最后师傅还加了一句:"我也知道这样可能是有问题的,但是没办法,谁让我亏欠孩子呢?"

很多父母跟这位司机师傅一样,陪伴孩子越少,对孩子的亏欠感就越重;对孩子的亏欠感越重,就越想用金钱和物质来弥补。结果,当然是孩子越大,问题越多。

不论是那位学员对孩子的陪伴模式,还是这位司机师傅对孩子的陪伴模式,所造成的结果都和他们为人父母的初衷背道而驰。

陪伴孩子长大,是父母和孩子彼此滋养的过程,更是父母和孩子各自需求不断博弈的过程。

人本主义心理学创始人马斯洛曾提出过一个非常著名的"需求层次理论",在这个理论中,他指出,每个人,不论是成年人还是孩子,不仅有生理需要,也有心理需要,环境必须使这些需求得到很好的满足,否则,就会出现身心疾患。

十年前,我第一次接触"需求层次理论",想起自己童年时期很多内心的纠结,突然就释然了。

童年的我内心深处一直有一种"父母不爱我"的感受,我在我的第一本书《深度陪伴》里面讲过我童年的一段故事:

小时候我住在父亲所在的学校里面,每天父母都有大量的时间陪伴我,但是那个时候我的内心却特别孤独,因为弟弟的出生,让我感觉父母不再那么爱我了。我到现在还清晰地记得,有一次父母带我去乡下的爷爷家,我故意跑到爷爷家对面的一个小山坡上躲了起来,然后任我的父母焦急地呼喊我的名字。

每当我出现"父母不爱我,更爱弟弟"的感受时,我都无法接受,所以头脑里面会拼命想出各种证据证明他们还是爱我的。

比如,我的母亲会在我发烧的时候,给我做一碗四川的酸辣面,让我趁热吃完,出一脑门儿的汗,再捂上被子睡一觉,然后很快就退烧了。

比如,小学二年级时,有一次我在课间玩耍时不小心摔倒了,下巴磕在了一块锋利的砖上,鲜血直流,在我痛得要晕过去时,我的父亲心急地赶到了学校,抱起我就往医院跑。

但是每当这些"爱"的证明冒出来时,我的头脑里面又会出现各种"不爱"的证明。

比如,寒暑假时,父母会把我一个人送到农村的爷爷奶奶家,却把弟弟留在家里。等开学后我回到家时,感觉自己就像一个外人,一个客人,弟弟和父母才是那个家的主人。

一边是"爱"的证明,一边是"不爱"的证明,小小的我几乎每一天都会纠结不已,备受折磨。

第一次接触"需求层次理论"后,这些纠结和折磨一下子就烟消云散了。原来他们的"爱"是真实的,"不爱"也是真实的。因为他们只是满足了我的基本生理和生存需要,比如给我吃饱穿暖,在我受伤时很紧张,第一时间带我就医,但是他们没有意识到我还有更多的精神需要。

在多年后,我已经在探索自我的路上走了很远才发现,对于我这样的孩子来说,相比基本的生理和生存需要,精神需要更加重要。

这就是为什么,当我工作以后,能够自己照顾好自己的吃穿时,每次跟母亲通电话,听到她只会问"你吃饭没有""最近胖了还是瘦了"时,我心里就会觉得特别烦，很快就不知道该怎么聊下去了，于是就只能挂断电话。因为在我看来，胖了还是瘦了，吃饭没有，都是不重要、不值得一提的事情，我的心里真正渴望的是，她能够关心地问一句"最近工作累不累""有没有遇到什么困难"。

很多父母可能都跟我有着相似的童年经历。

因为父母养育我们的方式，大都带着他们那个年代的局限性，他们不是不爱我们，而是他们误以为满足了我们基本的生理和生存需要，就是爱我们了。

所以，我非常强调，在我们深度陪伴孩子成长的过程中，一定要给孩子他们需要的爱，而不是一厢情愿地把我们认为对孩子最好、最重要的东西给他们。

那怎样才能给孩子需要的爱呢？

首先，我们要清楚什么是我们的需求，什么是孩子的需求。

比如，孩子该回家了，却还想在外面玩，而父母则希望孩子听话，能够毫无异议地执行自己的指令，便对孩子说："时间到了，别玩儿了，赶紧回家。"这时父母对孩子的爱就不是孩子需要的爱。

因为"别玩儿了，赶紧回家"是父母的需求，不是孩子的需求。

这类父母，对孩子的陪伴还停留在传统的陪伴层次，对孩子最大的期待就是"听话"。只要孩子听话，家里就会一片和谐。但是只要孩子不愿意执行父母的指令，或者只要孩子提出任何反驳意见，父母马上就会用命令、威胁，甚至打骂的方式，强制性地让孩子去执行自己的指令。哪怕孩子只是口服心不服，也可以让这类父母的需求得到短暂的满足。这类父母还可能会通过一些物质奖励"诱惑"孩子执行自己的指令，这种方式刚开始会立竿见影，时间一长，弊端尽显。

我把这个陪伴层次叫作"**传统陪伴**"。

还有一类父母，只要孩子不大发脾气、不哭闹，孩子提什么要求都可以。所以只要孩子一哭，父母就会马上妥协，"好啦好啦，你说你想玩多久，只要你不哭，妈妈就答应你"。

这类父母，看起来特别爱孩子，好像一直在满足孩子的需求，只要孩子不哭不闹，只要孩子开心，甘愿为孩子付出一切。但真相是，他们给孩子的也不是孩子需要的爱，他们这样做其实仍然是在满足自己的需求。

这类父母的需求就是"孩子要永远开心"、"孩子不要哭闹"或者"不能让我的孩子吃苦"。

我把这个陪伴层次叫作"**快乐陪伴**"。

大部分父母陪伴孩子的层次要么在"传统陪伴"，要么在"快乐陪伴"，有些父母还会在这两个陪伴层次之间来回切换。

比如，刚开始是在"传统陪伴"层次，眼看威胁和吼骂不起作用，又反过来切换成"快乐陪伴"，开始哄孩子，"好了，好了，妈妈给你买，真是拿你没办法"。

除了这两种陪伴层次，还有没有第三种可能？既关注父母的需求，也关注孩子的需求，既关注孩子的感受，也注重孩子的成长呢？

当然有，这就是我倡导的第三种陪伴层次：**深度陪伴**。

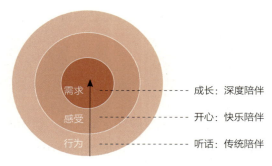

陪伴层次模型

在第一个陪伴层次"传统陪伴"中,父母关注的是孩子的**"行为"**是否符合自己的期待。所以这类父母在跟孩子对话的过程中,经常出现跟行为相关的命令式表达,比如:

"赶紧做作业!"

"马上回家!"

"快点儿洗澡!"

"别磨蹭!"

或者经常出现跟行为相关的威胁式表达,比如:

"我数三声,你再不起来,就打屁股了!"

"我再也不管你了,你爱怎么样就怎么样。"

"你再这样,妈妈就不喜欢你了!"

"走不走?不走我走了,那你一个人在这里!"

"你不吃,那我喂给别的小朋友吃了。"

或者是物质奖励，比如：

"你赶紧把这碗饭吃完，妈妈就奖励给你一根棒棒糖。"
"你今天按时把作业做完了，妈妈就奖励你玩半个小时游戏。"
"这次考试你要是考 100 分，妈妈就奖励你 100 块钱。"

如果你平时和孩子对话时，使用的大部分语言都是和行为相关的命令式、威胁式、物质奖励式表达，那么你就处于"传统陪伴"这个层次。

在第二个陪伴层次"快乐陪伴"中，父母关注的是孩子的"感受"。所以这类父母在跟孩子的对话过程中，关注的是如何让孩子不再受苦、不再哭闹、不再难过。

比如：

"你放着，别弄脏了衣服，妈妈来做。"
"好好好，别哭了，妈妈买给你。"
"孩子那么小懂什么，大了就好了。"
"都怪妈妈不好，妈妈给你买的太小了，妈妈马上去买个大的给你啊。"

如果你平时跟孩子对话时，只关注孩子的感受，那么你就处在"快乐陪伴"这个层次。

在第三个陪伴层次"深度陪伴"中，父母会通过孩子的行为去了解孩子行为背后的"感受"，以及行为背后的"需求"，通过适当的引导，帮助孩子有所成长。所以这类父母在跟孩子对话时，经常会出现感受和需求并行的表达，比如：

"妈妈看到你很不开心，你可以告诉妈妈是什么让你不开心吗？"

"妈妈提醒你做作业你非常生气，妈妈猜你现在还不想做作业，是吗？"

如果你平时跟孩子对话时，大部分都是感受和需求并行的表达，那么恭喜你，你已经在践行"深度陪伴"的路上了，处于这个陪伴层次的家庭是对孩子的成长最有益的。

当然，在实际生活中，很多父母会因为外在的压力、环境等因素在几个陪伴层次中进行切换。

比如，一位处在"快乐陪伴"层次的妈妈，在家里很可能成为孩子发泄情绪的对象，以及扮演被孩子"欺负"的角色。

虽然对妈妈来说，她选择这个陪伴层次是心甘情愿的，但是假设她有一位处在"传统陪伴"层次的丈夫，以及一位处在"传统陪伴"层次的婆婆，那么家里就很容易出现孩子在爸爸和奶奶面前特别听话，在妈妈面前变本加厉地蛮横不讲理以及哭闹的情况。久而久之，妈妈的内心很可能出现失衡的状态，甚至产生自我怀疑，从而被同化，退回到"传统陪伴"的层次。

同样，一位处在"深度陪伴"层次的妈妈，在类似的环境中，也可能遇到类似的问题。

曾经有一位妈妈特别迷茫地来上我的课，她说，她一直不喜欢要求孩子听话的教育方式，所以一直非常尊重孩子，有什么事情都会跟孩子商量，孩子有负面情绪了，她也会第一时间去安抚和引导。而家里的爸爸和奶奶对待孩子却是相反的方式，命令和要求更多。但是，很奇怪，孩子在爸爸和奶奶面前很听话，也没什么负面情绪；可是孩子在她面前，提的要求特别多，负面情绪特别多，哭闹也特别多，她累的时候，感觉自己都快崩溃了。孩子的爸爸和奶奶都来指责她，说就是因为她太惯着孩子了，孩子才会这样。她慢慢也觉得好像是这个道理，但是当妈的直觉又告诉她，不应该用那样的方式去对待孩子，所以她特别迷茫。

学习了"陪伴层次模型"之后，这位妈妈恍然大悟，她的陪伴方向是对的，孩子的行为呈现也是正常的，正因为孩子在其他家人那里得不到足够的情感支持，加上妈妈工作又忙，所以孩子在好不容易抽出时间用心、深度陪伴他的妈妈面前，需求更多、哭闹更多、负面情绪更多。这恰恰是孩子信任她、愿意向她敞开、需要她给予支持和安抚的体现。

所以，当父母掌握了陪伴层次模型，就可以非常清晰地定位自己当下的陪伴状态，知道自己的陪伴方向对不对，也就不太容易因为孩子的表面行为不符合期待，就变得抓狂或者迷茫，甚至退回到"传统陪伴"的层次。

陪伴层次模型，就像一个育儿的灯塔，不断地提醒我们，陪伴孩子的方向在哪里。有了正确的方向，父母就可以带着觉知去看，当下陪伴孩子的每一天，是否真的和我们期待的"深度陪伴"层次相匹配。即便不小心走偏了，我们也可以随时自我矫正，让自己找回陪伴孩子的初衷。

测测看你处于哪个陪伴层次？

下面一共10道单项选择题，无论你选择哪一项答案，得分均为1分。

1. 如果你陪孩子在外面玩，到时间要回家做饭了，可是孩子不想回去，你通常会如何处理？

    A. 不管孩子想不想回，哭也好闹也好，都必须让他回去，没得商量。

    B. 看到孩子不想回，有时候也拿孩子没办法，只好继续陪孩子玩，直到他玩够为止。

    C. 先安抚孩子的情绪，可以适当再满足孩子5~10分钟，然后用游戏等方式引导孩子回去。

2. 如果孩子在家里发脾气乱扔东西，把东西摔坏了，你通常会如何处理？

    A. 特别生气，会吼孩子，甚至有时候会忍不住把孩子打一顿。

    B. 虽然东西坏了，只要孩子开心，没有伤到孩子，就随便他。

    C. 先安抚孩子的情绪，再引导孩子认识到他的行为是不妥的，最后教会孩子正确处理情绪的方法，再一起把坏掉的东西收拾好或者看看能不能修好。

3. 孩子在商场或超市想买一样东西，你没有答应，他就在公共场合躺在地上打滚儿、哭闹，你通常会如何处理？

    A. 命令孩子起来，数"1，2，3"，如果再不起来就打屁股，或者转身离开，不理孩子，让他因为害怕父母走而选择自己起来。

    B. 赶紧去哄孩子，答应给孩子买。

    C. 说出孩子的感受和需求，安抚孩子的情绪，如果孩子还是不愿意起来，就在旁边陪着孩子，给孩子安全感，直到他自己情绪慢慢平复。

4. 孩子该吃饭的时候不好好吃饭,只想吃零食,你会怎么做?

   A. 不吃就不吃,直接把碗筷收走,看他饿了吃不吃;或者不管孩子吃不吃继续强行喂饭;或者给孩子看一个不吃饭就挨打的视频,杀鸡儆猴。

   B. 孩子想吃零食就让他吃,只要孩子吃,总比不吃好,不要委屈了孩子。

   C. 看看孩子是为什么不吃,是不饿还是想吃零食。如果是不饿,那就尊重孩子,告诉孩子妈妈会把饭温着,饿了再找妈妈;如果是要吃零食,就告诉孩子吃饭的时候不可以吃零食,吃完饭下午饿了可以适当吃一点健康的小零食。

5. 如果孩子做作业时总是拖拉磨蹭,你会怎么做?

   A. 告诉孩子在规定时间内做不完就别想吃饭、睡觉;或者坐在孩子旁边监督,催促孩子在规定时间内完成。

   B. 作业磨蹭没做完没关系,不能影响孩子吃饭、睡觉,第二天帮孩子跟老师解释,不让孩子受罚。

   C. 先跟孩子聊一下,看看是什么原因,如果需要帮助,就给孩子提供支持,如果是之前跟孩子相处的方式有问题,就调整相处方式。磨蹭本身不是问题,找不到原因才是问题。

6. 如果孩子期末考试成绩不及格,你会怎么做?

   A. 把孩子狠狠骂一顿,说他这个学期的书白读了,太让父母失望了。

   B. 跟孩子说话时,全家人都小心翼翼,不断安慰孩子,成绩不重要,生怕孩子心理承受不了,想不开。

   C. 先肯定孩子这个学期的努力,然后告诉孩子每一次考试不论成绩好坏,都是一次成长的契机,要抓住这次契机成长。

7. 如果孩子跟小朋友一起玩时,被其他小孩子打了,你会怎么处理?

   A. 告诉孩子,明天必须打回来,不能怂;或者指责孩子是不是先惹了人家,不然别人怎么"不打其他人就打你"。

   B. 自己的孩子可不能这样被别人欺负,气势汹汹地带着孩子去找对方家长理论。

   C. 先安抚孩子,了解孩子的感受和事情的原委。如果是对方有错在先,孩子也没怎么伤到,会以孩子的感受为主,看看他介不介意。如果孩子觉得没关系,就尊重孩子,不再干预,但会教他如何保护自己的安全。

8. 如果孩子的班主任反映孩子最近在学校听讲不太认真,上课还说小话,学习成绩也下降了,你会如何处理?

   A. 感觉很丢脸,质问孩子是怎么回事,把孩子狠狠批评一顿,甚至揍一顿。

   B. 赶紧跟老师赔礼道歉,把责任都推到自己身上,免得影响老师对孩子的印象,同时不让孩子知道老师对他的评价,再悄悄找人给孩子补课。

   C. 跟老师说等孩子回来会跟孩子沟通看看是怎么回事,找到原因后,也会反馈给老师,一起帮助孩子成长。等孩子回来,先不告诉孩子老师的评价,听听孩子是怎么想的,看看孩子对自己的认知与老师的评价是否有差距,再看下一步如何帮助孩子。

9. 如果孩子对什么都感兴趣,很多兴趣班都想学,但是时间又有点不够,你会怎么处理?

   A. 帮孩子从中挑选2~3个兴趣班。

   B. 既然孩子都喜欢,经济条件允许就都报,什么时候有时间就什么时候学,上不完也没关系,相比金钱,孩子的兴趣和开心更重要。

   C. 多观察,多跟孩子沟通,看看孩子到底是真的感兴趣,还是受到了其他小朋友的影响，然后结合孩子的天赋、优势以及可用时间，跟孩子商量后，保留几个兴趣班。

10. 孩子突然不想上学了，你会怎么处理？

  A. 告诉孩子，想都不要想；或者告诉孩子上学的重要性，说服孩子。如果孩子说怎么努力都被老师批评，会告诉孩子老师批评他是为了他好，必须上学。

  B. 有种无力感和深深的自责感，觉得自己没有尽到父母的责任；看看有没有使学习更开心的学校或者私塾，给孩子换一所学校。

  C. 了解孩子不想上学背后的原因，理解孩子的感受，允许孩子在家休息几天，陪伴孩子恢复上学的内驱力。

完成后统计一下，ＡＢＣ三个选项分别得多少分。如果 A 选项得分最高，那么说明你处于传统陪伴层次；如果 B 选项得分最高，那么说明你处于快乐陪伴层次；如果 C 选项得分最高，那么说明你处于深度陪伴层次。

深度陪伴，既要快乐也要成长

深度陪伴，既关注孩子的感受，也关注孩子的需求；既要快乐，也要成长。是的，鱼和熊掌是可以兼得的。

关于"快乐教育"，我见过一些"混淆视听"的论调，比如，"快乐教育"就是让孩子整天玩，想干什么干什么；"快乐教育"就是不让孩子累，不强求孩子做作业，也不用给孩子报兴趣班，孩子考班级倒数第一名也无所谓，快乐就好。

这是很大的误区。

当有人这样去理解"快乐教育"时，其实他对陪伴孩子的认知还停留在"快乐陪伴"的层次。

其实，**真正的快乐教育，并不是指孩子每天都要开开心心的，而是指孩子做一件事情是源自他的内驱力，而不是外在的强迫和要求，因此再苦再累，孩子都会带着一颗快乐的心去面对。**

你可能会好奇，那为什么"快乐陪伴"不是我们陪伴的终极目标，而"深度陪伴"才是？

这是因为，光是快乐，不足以支撑一个孩子的人生。

"积极心理学之父"马丁·塞利格曼在《持续的幸福》一书里提出了幸福2.0的定义。他说**实现幸福人生应该具备五个元素，分别是积极的情绪、投入、良好的人际关系、做事的意义和目的、成就感。**

任何一个孩子，如果只有积极的情绪，但是缺少另外四个因素，他也很难感受到幸福。

比如，有很多非常富裕的家庭，父母做生意赚了很多钱，孩子要什么就买什么，对孩子没有任何要求和期待，只要他开心就好，但孩子却感受不到幸福。

每个人生下来都有两大需求——价值感和归属感。

如果一个孩子需要什么，父母就全部都满足他或者代替他做了，孩子刚开始可能会很享受，但是随着长大，他会发现，自己什么都不会，他的内心其实是会感到挫败和自卑的。

所以当我们观察1岁多的小宝宝时，会发现，明明被大人喂饭很舒服、很享受，张开嘴就能吃到，但是小宝宝却偏要去抢大人手上的勺子，尝试自己去舀碗里的饭菜，哪怕舀了半天什么都没舀到，还弄得满脸都是，也乐此不疲。

这就是人的本性，渴望通过自己的努力去有所成长，这个过程就是价值感的体现。

之所以很多小学生的父母会面临"一写作业鸡飞狗跳"的问题，就是因为父母太着急，总是想直接告诉孩子要怎么做。孩子稍微慢了半拍，或者没做好，就赶紧去提醒、纠正，甚至坐在孩子身边，从头到尾全程监督。这种做法剥夺了孩子自己通过努力反复尝试、改进，最终找到做作业的节奏、从中感受价值感的机会。

所以，**深度陪伴孩子的过程，其实就是把每一天的陪伴、每一个育儿挑战，都看作有利于孩子成长的契机**。当我们带着这样的心态去陪伴孩子时，就能够慢慢放下对结果的要求，思考自己怎么做才能让孩子体会到成长的感觉。

我记得有一次五一假期，乐乐忘记写一部分语文作业，于是在假期最后一天补作业。做着做着，就开始发脾气了，一问他，原来是因为补作业有些着急，又遇到了难题。

假设我是一位处于"传统陪伴"层次的父母，我会怎么跟乐乐沟通呢？我可能会说：

"发脾气能解决问题吗？不会做就想办法或者问人啊，你又不是三岁小孩子了！我早就提醒过你先做完作业再安安心心过假期，自己忘记了写作业，现在赶作业又着急，这还不是你自找的？早点儿听妈妈的话就不会出现这种情况了。"

"传统陪伴"层次的父母想让孩子按照他们的期待去做，特别喜欢跟孩子讲道理，他们说的每一句话都指向"你要听话""爸爸妈妈是对的"。

假设我是一位处于"快乐陪伴"层次的父母，我会怎么跟乐乐沟通呢？我可能会说：

"都怪妈妈忘记提醒你了，不着急啊，妈妈现在告诉你答案。"

"快乐陪伴"层次的父母非常重视孩子的感受，不愿意看到孩子有任何负面情绪，所以宁愿自己去帮孩子承担责任，也不愿意看到孩子不开心。

因为我对自己的定位是一位处于"深度陪伴"层次的父母，所以最后我是这么跟乐乐沟通的：

"乐乐，妈妈知道你很着急，因为你是一个对自己有要求的孩子，我也知道你遇到了难题有些挫败感，因为你希望自己有能力快速完成作业。我们来看一下你遇到的这个问题。"

我先是理解和安抚了乐乐的情绪，然后一起和他解决遇到的难题。我并没有直接告诉乐乐答案，而是告诉他这道题的答案可以通过阅读《孙子兵法》找到。但是我们家并没有这本书，等乐乐把其他问题都解决了，我给了他一张图书馆的借书证，让他自己坐公交车去离家两站路的图书馆查阅资料找答案。一个小时后，乐乐带着他自己挑选的两本书回到家，他说这两本书里面有他想要的答案。

在这个过程中，乐乐不仅学会了正确看待自己的情绪，也学会了理解和接纳自己的情绪，还学会了通过查阅资料来解决难题。当难题被解决后，他特别有成就感。

借由这件事情，他体验了从"着急、抓狂、挫败"到"有能力解决问题"的整个过程，下一次再遇到类似的事情，这个成功的体验会让他对自己解决问题的能力更加有信心，也就不会那么容易感到挫败和着急了。

"遇到问题不要着急，要想办法去解决"，这个道理乐乐早就知道，但是真正让他印象深刻的，是发生问题之后的体验。因为再多的大道理，都不如体验来得深刻。

给孩子最需要的爱

当经验不再奏效时,就是父母成长的契机

有一天中午,我哄1岁4个月的二宝雄雄睡觉。

一般情况下,中午哄雄雄睡觉的流程特别简单,就是抱着他进房间,拉上窗帘,换上睡袋,放上哄睡的圆舞曲,抱着他轻轻跳舞或者拍拍他,他就睡着了。

但是那天中午情况有些复杂,过程也有些曲折漫长。

当我把换好睡袋的雄雄横抱着哄睡时,他不停地要起来,一点儿也没有要睡的迹象。

我以为他还不困,就把他放下来,让他在床上玩。

玩了10分钟,还不睡。

我以为他是被环境中的各种物品刺激兴奋了,就随手找了一根新买的数据线给他玩,让他将注意力从环境中收回来。

玩了10分钟数据线之后,又开始闹。

这次肯定是闹觉了。

第一章 深度陪伴，给孩子最需要的爱

我很淡定地把他抱起来哄睡，以我之前的经验，他应该在 5 分钟内就睡着了，快的话 1 分钟就可以搞定。

谁知道雄雄一直哭一直哭，不要我哄。

难道是渴了？

我去客厅拿了水杯，递给他。他喝了一口，继续大哭。

难道是热了？那一天深圳的温度有点高。

我帮雄雄把睡袋脱了，他还是哭，而且越哭越大声。一边哭，一边使劲儿揉眼睛，看样子困极了。

难道是……？

我闻了一下他的小屁股，好像有点味道。

打开一看，原来是拉粑粑了，难怪困得不行了，还是哭闹不睡。

便赶紧带他去卫生间。一边洗屁屁，雄雄一边安静地睡着了，我长舒了一口气。

通常，父母都会有自己的育儿经验和一套固定的流程，以及对孩子确定的期待。

就像我哄雄雄睡觉，我也会有我自己的哄睡经验、哄睡流程，和对雄雄确定的期待。

这很正常，毕竟这些经验、流程、期待在过去都非常有效，甚至百分百有效。直到有一天，事情发生了变化，这些固定的经验、流程不再奏效了，我们对孩子确定的期待也落空了。

我一直认为，当固定的经验、流程不再奏效时，父母才真正迈进了成长的大门。

所以不要羡慕别人养娃养得顺风顺水，有可能对方连成长的大门都还没机会迈进去，而你已经抢先迈进去了。

父母的两种思维模式

当期待落空时，父母有两种思维模式：

第一种思维模式是，我的期待落空，应该让孩子改变来满足我的期待。

在这种思维模式下，父母会对孩子发脾气，会想尽一切办法让孩子按照自己的期待去做。如果孩子拒不服从，那等来的可能就是升级版的大发雷霆。

这就好比，我去哄雄雄睡觉，如果雄雄哭闹不睡，那我就强行把他按住，让他必须睡。不可以哭，如果哭，我就把他的嘴巴封住；也不可以闹，如果闹，我就把他的腿绑住不让他动。

你可能会觉得好笑，哪有父母会这样对待自己的孩子？

是的，如果这个对象是一个几个月或者1岁多的小宝宝，你会觉得很好笑，因为父母不可能这样对待一个小宝宝。

但是如果对象是一个10岁的孩子，这一幕大家可能就不觉得陌生了。比如，孩子不想做作业，父母就把孩子按在书桌前，让他马上做作业。如果孩子大声抗议，还想继续玩，父母就会马上训斥："不准想玩的事情，你这个年龄就是学习，现在只能想学习！"如果孩子哭着不愿意，父母就会威胁："你再哭，周末出去玩也取消了！"

这样的场景是不是就熟悉很多了？其实本质上是一回事。

处在这种思维模式下的父母，有两种状态。

一种是不知道孩子为什么会让自己的期待落空，病急乱投医。

比如，孩子刚上小学成绩还可以，到了三年级之后成绩就下滑严重，越来越差。如果父母不知道原因，就会特别抓狂，病急乱投医。我见过一位妈妈，因为孩子语文考试不及格，就着急地问我，要不要给孩子报一个上万块钱的速读班。虽然我建议她需要先找到孩子语文成绩不好的原因，但是妈妈已经从心里给孩子下了一个结论，那就是孩子阅读速度太慢，导致阅读部分扣分太多。当她认定是这里出现问题时，就没办法沉下心来认真去看事情的真相了，当然也就不可能从根本上去帮助孩子。

还有一种是知道孩子为什么会让自己的期待落空，但不去探究孩子行为背后的原因。

比如，孩子偷拿了妈妈的钱去买奥特曼卡牌。妈妈发现之后，特别震惊，没想到自己眼中的乖孩子会出现这样的偷盗行为。妈妈认为这是孩子的品行出了问题，所以需要严格管教，便把孩子打了一顿，并警告孩子，如果下次再偷，就送派出所交给警察。但是父母不愿意去思考问题的源头，当然也不可能从根源上去帮助孩子，更不可能彻底解决这个问题，反而会使问题越来越严重。当然，我也见过一些父母，会对我说："我也觉得是我们管教失误。"看起来好像意识到了自己的问题所在，但在实际处理时，还是会忍不住把孩子打一顿、骂一顿，简单粗暴地去处理。这样的父母在潜意识里面，还是认为期待落空都是孩子的问题，不是自己的问题。

第二种思维模式是，我的期待落空，自己应该做出改变来达成期待。

在这种思维模式下，父母会把时间和注意力放在探寻原因和有效的方法上去解决当下的问题。刚才我描述的哄雄雄睡觉的场景，就是这样一种思维模式的缩影。

一岁多的孩子不睡觉，无非就是热了、渴了、拉了、不困，最多加一条身体不舒服。只要稍微具备一点育儿常识，找到原因很容易。

但也不排除，有些父母连这个常识都不具备，在找到那个原因之前已经耐心耗尽，放弃了。

孩子越大，行为背后的原因越复杂。14 岁的初中生不想学习，背后的原因一定比 7 岁的小学生不想学习的原因复杂。

所以越大的孩子，这个原因找起来会越困难。因为大部分父母被"耐心"和"复杂"这两座大山挡住了。

这也能理解。因为父母的耐心多被工作、生活压力、经济焦虑给消耗殆尽了，再加上从来没有系统地学习过深度陪伴的方法，所以面对复杂的育儿难题，完全不知道应该从哪里切入、用哪种方式去找到那个核心的原因。

这就是父母学习的必要性。

不论你过去和现在在职场上多么成功，那也只能代表你在自己深耕的职业领域有足够多的常识和积累，在育儿领域，如果不去学习，就永远是小白。

如果父母的思维模式能达到这个层次，其实已经走在成长的路上了。

处在这种思维模式下的父母，也有两种状态。

第一种是找到了孩子行为背后的原因，特别安心地去看书、上课、找专业的老师学习，让自己从育儿小白慢慢成长为一位懂孩子的、真正具备"育儿执业能力"的妈妈。

第二种是一时半会儿找不到那个原因，生活就会彻底陷入混乱和迷茫的状态。

处在第二种状态中的父母，也许会生气，但是不会对孩子发脾气，更多的是生自己的气。气自己找不到那个原因，找不到那个解决问题的方法，觉得自己做父母很失败，因为无力感而生气。

教育无非就是父母将自己知行合一的人生，毫无保留地展示在孩子面前，任由孩子去决定他要从中学习什么。

父母没有能力去控制孩子只能学习自己做得好的方面，不去学习自己做得不好的方面。

这个决定权在孩子手里。

所以最有保障的教育方式，不是我们去教孩子什么，而是我们先认清我们自己，看看我们作为孩子的父母要获得怎样的成长。

父母期待落空时，永远有两种选择，一种是改变孩子，一种是改变自己，显然后者会更快地达成自己的期待。

期待落空的四种父母

通过十年来对深度陪伴的践行，我总结出了一套"期待落空的四种父母"模型，包括抓狂型父母、霸道型父母、迷茫型父母和觉醒型父母。

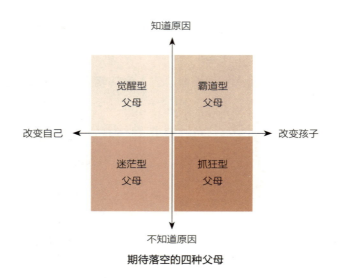

期待落空的四种父母

"**抓狂型父母**"既不知道导致自己期待落空的原因,也不愿意通过改变自己来解决问题。这类父母在陪伴孩子的过程中,会像无头苍蝇一样乱撞,问题无法得到解决,自己也会越来越抓狂,这是最糟糕的状态。

有一个学员妈妈,她家的孩子读小学一年级,能够专注学习和做作业 20 分钟左右。这个表现其实是非常好的,但是妈妈觉得孩子的专注力时长太短,坐不住,便不断用各种方式要求孩子,自己也很焦虑。后来跟着我学习深度陪伴,她才知道,原来一年级的孩子能够保持 20 分钟的专注力已经很不错了,孩子的表现是正常的,反而是自己的期待太不合理了。她意识到焦虑的源头在于自己,而不在于孩子,才慢慢走出了这个状态。

"**霸道型父母**"虽然知道导致自己期待落空的原因,但是仍然会要求孩子改变。这类父母在孩子面前会讲很多大道理，同时也会非常强硬地要求孩子去做到，在孩子眼里，父母特别霸道，特别难沟通。

曾经有一位妈妈来找我咨询孩子的问题，也带上了爸爸，因为孩子的爸爸喜欢打孩子，妈妈希望爸爸听完我的建议之后能够改变一下对孩子的陪伴和教养方式。

妈妈分享了一件小事。

有一次，孩子的外婆没有满足孩子的某个需求，孩子就打了外婆一下。爸爸看到之后，直接给了孩子一巴掌。

爸爸听完我的分析之后，知道了孩子在外婆面前比较霸道，其实是因为外婆对孩子相对比较包容，孩子在外婆面前感觉最安全，更容易释放自己压抑的情绪，只不过用错了方式。但是爸爸依然觉得如果孩子打人就应该用打的方式去告诉孩子，不可以这么做，要尊敬长辈，必须要制止孩子这样的行为。

这就是典型的"霸道型父母"。通常霸道型父母最不能忍受孩子的行为，其实也是他们经常对待孩子的行为。

"迷茫型父母" 不知道导致自己期待落空的原因是什么，但他们非常愿意通过自己做出改变来解决问题。可能是因为没有方向，所以非常迷茫，有心无力。

我的一位学员妈妈说：

"以前我对孩子的想法就是，我是你的妈妈，我经历的比你多，知道的比你多，我所说、所做的都是对的，都是为你好，可是你怎么就是听不进去呢？我要怎么说你才听得进去呢？"

学习了深度陪伴之后，这位妈妈才恍然大悟，她所认为的孩子贪玩、调皮、不遵守规则，其实只不过是孩子的天性而已。

然后，她很感慨地说：

"我忽略了孩子的认知还达不到我们大人所期望的层次，很多事情我们大人觉得应该做到，做起来很简单，但是对孩子来说却是非常高的要求。我们不能把孩子'禁锢'起来，让他们丢失了孩子的本真和活力，我们要做的是对他们进行正确的引导，赋予耐心和爱心，始终相信他们"。

所以"迷茫型父母"也是我的学员里面，最容易成长起来的一个群体，因为她们非常愿意为了孩子去改变自己，只不过她们缺少一些基本的常识、育儿逻辑以及一些简单有效的方法。

"**觉醒型父母**"知道导致自己期待落空的原因，也非常愿意通过改变自己来解决问题。这类父母的方向很清晰，只需要一些具体的方法或者路径的指导，就能很容易做到对孩子的深度陪伴。

有一位妈妈，她的孩子上三年级时，被确诊为多动症，简称"ADHD"。她知道在课堂上，上一秒老师刚点名提醒孩子把注意力收回来，下一秒孩子的注意力就又跑了，这个问题不在孩子自己，而是由孩子的生理状态决定的。她也很想要做些什么来更好地陪伴孩子长大，但是因为缺少方法和支持，她一度非常苦恼，状态很差。

但是当我给她一些具体的方法和建议,帮助孩子重新恢复学习的自信,同时又给她介绍了一位对孩子的多动症能起到很好治疗效果的医生后,她很快就恢复了活力,并且在对孩子的深度陪伴方面做得非常好。

绝大多数父母都是从"霸道型父母""抓狂型父母""迷茫型父母"开始的,然后成为"觉醒型父母",最后才迈入深度陪伴的大门,包括我自己。

乐乐上幼儿园的时候,有一个让我特别抓狂的习惯,就是一边吃饼干或者薯片,一边掉得满地都是。深圳的夏天特别容易有蟑螂,看到满地的食物碎屑,我真的很烦躁。之前我们要求乐乐吃完要自己收拾好,但是大多数时间,他都没有理会,最后的结果就是爷爷奶奶替他收拾了。

有一天,我决定从"抓狂型父母"往前迈一步,不再要求孩子,而是把这个问题归因为"是我没有帮他拆解过收拾食物残渣的步骤,所以他可能觉得很麻烦或者不知道怎么才能做好",所以我应该给孩子提供支持。

于是我很耐心地帮乐乐分解步骤,教乐乐怎么打扫。

我引导乐乐先从厨房拿一个大木头盘子,又拿几张干净的纸巾,然后用纸巾把桌上的食物残渣一点点扫到木头盘子里,再用纸巾把地面上的食物残渣一点点捡起来。

做完之后,乐乐说:"妈妈,我好累呀。"

但是第二次再遇到这种情况时,乐乐居然自己主动把食物残渣打扫得干干净净,然后很有成就感地对我说:"妈妈,你看,我现在很小心,这些碎屑都在桌子上,一点儿都没有掉到地上。"

具体要如何做，才能让自己成为"深度陪伴"的父母呢？

比如孩子做作业拖拉磨蹭。

如果你是一位**"抓狂型父母"**，可能会先盯着孩子做作业，孩子虽然不敢分心了，但是写字慢，作业质量又差。当你发现这个方法无效，可能又会尝试跟孩子说好话，"你快点儿写，写完了，妈妈允许你玩半个小时游戏"。这招可能这一次有用，下一次遇到孩子好多题都不会做时，又没用了，你就会很抓狂，劈头盖脸一顿骂："你上课干什么去了，这么多不会做！"

这类父母常常觉得自己方法用尽，却不能解决问题，期待一次次落空，所以越来越抓狂。时间花了，气也生了，孩子的情绪也受损了，甚至自信心也受损了，双输。

其实，这个时候，"抓狂型父母"只需要在头脑里面轻轻地调整一个念头，整个状态立马就能得到改观。什么念头呢？就是把"非要孩子改变"调整成"我自己改变"。

那要做出什么改变，才能让自己和孩子都更愉快并且都有所成长呢？答案就是，要学习。你不学习又怎么可能快速找到孩子做作业拖拉磨蹭背后的原因呢？

如果你是一位**"霸道型父母"**，你可能知道孩子作业拖拉磨蹭的背后是对老师课堂上教的内容还不够熟悉，所以做起来很不熟练，导致很慢；或者孩子放学后想先玩会儿，但是你没有允许，所以孩子不开心，做作业就没动力。

但是你仍然觉得，这是孩子的问题。既然不熟练，那就再多来几张卷子，多刷刷题就熟练了。孩子哪儿能要玩就玩，所以你会教育孩子，学生的主业是学习，把学习顾好了再玩，不要整天就想着玩儿，贪玩的孩子以后长大了都没出息。

这类父母常常觉得孩子故意挑战自己的权威，所以一定要让孩子意识到他的错误，并且用各种方式让孩子"就范"，否则自己就没有尽到做父母的责任。

遇到性格跟父母一样"霸道"的孩子，就会跟父母正面对抗，造成亲子关系断裂。

其实，这个时候，"霸道型父母"也只需要在头脑里面轻轻地调整一个念头，整个状态立马就能得到改观。什么念头呢？就是把"孩子在挑战我的权威"调整成"孩子需要支持"。

孩子需要怎样的支持呢？

孩子的大脑发育没有我们成人这么成熟，所以他们对这个世界的理解方式和我们的理解方式不一样；他们能够理解和认同的道理，也不是我们讲给他们听的那些道理。

孩子不是不愿意变得更好，也不是不想变得优秀，他们只是需要我们换一种方式去让他们理解到，原来自己在课堂上的学习还不够熟练，或者原来玩的时间太长了会导致作业做不完。

如果我们能够去学习一些新的方式，让孩子能够理解到我们想要他们理解的，那么这就是我们作为父母能给到孩子的支持。

如果你是一位"迷茫型父母",你可能完全不知道,孩子为什么会这么拖拉磨蹭。你甚至担心孩子作业过多,已经帮孩子做了一部分作业了,孩子为什么还这么拖拉?

也许孩子做作业拖拉磨蹭,不在于作业过多,而是孩子有挫败感,或者其他原因。

所以,你只差一步,就能帮助你的孩子了,那就是学习深度陪伴,去了解孩子行为背后的根源,然后用爱和支持的方式,通过具体的方法和路径,去帮助你的孩子成长。

如果你是一位"觉醒型父母",你可能已经非常清楚孩子做作业拖拉磨蹭的原因了,比如可能是学习有挫败感,你也很想做些什么来让孩子对作业重新恢复信心。

那么你只需要翻到本书的第四章,找到改善孩子挫败感的方法,用这些方法去深度陪伴孩子一段时间,孩子的问题就能得到改善。

总之,不论你是哪种类型的父母,只需要把本书的内容认真读一遍,就会学到很多落地的工具和方法,以便分析孩子行为背后的深层原因。本书还提供了很多具体的深度陪伴路径,帮助你通过自己的深度陪伴,让孩子的行为得到改善。

成为深度陪伴型父母的成长路径

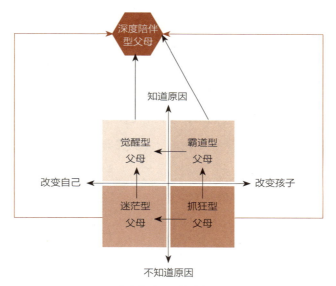

深度陪伴型父母的成长路径

不论你现在处于这张图的哪个位置,好消息是,你都可以像我一样,让自己成为"深度陪伴型父母"。

你有好几种选择,但是我建议你直接给自己设定"深度陪伴型父母"的目标,找到那条最快的路径。

比如,如果你是"抓狂型父母",想要用最快的方式做到深度陪伴,只需要按照以下几个步骤去做:

第一步,愿意先改变自己,而不是非要改变孩子。

第二步，愿意为了成为深度陪伴型父母而学习，至少把这本书认真看完，你就会找到让你期待落空的原因。

第三步，多关注孩子行为背后的感受和需求。

这也是我写这本书的目的，希望让每位父母都可以通过切实可行的路径和方法，用自己的成长来带动孩子成长。也让每位父母都能够从深度陪伴孩子成长的过程中，去感受成长后的自己是多么从容、清晰、有力量，在感受爱和给予爱的方面有多大潜能。而且我非常确信，你会更爱那个成长后的自己。

父母对孩子的爱分很多种，但只有一种爱对孩子的成长最有益，那就是"孩子需要的爱"。

深度陪伴，就是给孩子最需要的爱。

测测看你是哪种类型的父母？

下面一共有10道单项选择题，无论你选择哪一项，得分均为1分。

1. 如果孩子成绩差，你通常会怎么做？

    A. 看看周围的人都是怎么做的，然后监督孩子学习。

    B. 不知道该怎么办，会深深地自责，觉得自己没有尽到做父母的责任。

    C. 找专业人士或者自己帮孩子分析原因，然后监督孩子学习。

    D. 与孩子一起找到原因，陪伴孩子进步和成长。

2. 孩子偷偷拿了你的钱,你通常会怎么做?

   A. 把孩子揍一顿或者训一顿,让他以后不能再做这样的事情。

   B. 没想到孩子会做出这样的行为,深深地自责,觉得自己没有尽到做父母的责任。

   C. 经过询问了解到孩子是想买一件渴望已久的东西,但是零花钱不够,但还是把孩子训了一顿或者揍一顿,告诉他以后钱不够就不要买,不准超额消费。

   D. 找到孩子行为背后的心理需求,告诉孩子遇到这种事情的正确处理方式以及爸爸妈妈可以提供的支持。

3. 冬天的某一天,上小学的孩子早上起不来,你通常会怎么做?

   A. 刚开始温柔地提醒孩子起床,然后变成催促,最后忍不住吼起来。

   B. 宁愿帮孩子穿衣服、喂饭、收拾书包,让孩子多睡会儿。

   C. 埋怨孩子因为头天晚上做作业拖拉磨蹭,早上才起不来,强行让孩子起床。

   D. 帮助孩子找到晚上做作业拖拉磨蹭的原因并陪伴孩子改善;从自己做起,养成早睡早起的习惯;增进亲子关系,用早晨美妙的亲子时光吸引孩子自愿早起。

4. 孩子对奶奶说话很凶,你通常会怎么做?

   A. 让孩子跟奶奶道歉,不准再凶奶奶。

   B. 觉得自己没有把孩子教好。

   C. 虽然孩子辩解说是不喜欢奶奶唠叨,但仍然强行让孩子跟奶奶道歉,告诉孩子要尊老爱幼。

   D. 教孩子遇到奶奶叨唠的情况应该如何跟奶奶沟通,以及如何寻求父母的支持,既尊重了奶奶,又不委屈自己。

5. 如果孩子总是一不如意就哼哼唧唧或者哭闹，你通常会怎么做？

   A. 威胁孩子如果不停止哼哼唧唧或者哭闹，就会……

   B. 有种无力感，不知道为什么孩子会这样以及应该怎么做。

   C. 孩子说他要的东西大人没有给买，所以才哭闹，你严肃地告诉孩子"不是你想要的东西就一定要买给你"，教给孩子延迟满足的概念。

   D. 教孩子如何跟父母表达自己的需求和感受，并且在生活中示范给孩子看你自己是如何表达需求和感受的。

6. 如果孩子做作业总是拖拉磨蹭，你通常会怎么做？

   A. 要求孩子放学后必须先回家做作业，甚至孩子做作业时会坐在旁边监督。

   B. 有种无力感，不知道为什么孩子会这么拖拉磨蹭以及应该怎么做。

   C. 孩子说想先玩会儿再做作业，不然就无心写作业，你告诉孩子"学生的任务就是学习""先完成作业和兴趣班布置的任务才能玩"。

   D. 愿意满足孩子玩的需求，甚至通过科学的测评工具去了解孩子的性格和学习模式，在专业人士的指导下，制订一套完全符合孩子天性的改善方案。

7. 如果孩子不敢大胆上台演讲或者做分享，你通常会怎么做？

   A. 给孩子报口才班，锻炼孩子的胆量和口才。

   B. 觉得是自己的性格遗传给了孩子，很自责。

   C. 孩子说不想上口才班，你告诉孩子"钱都交了，必须上"，再告诉孩子这项能力的重要性。

   D. 会观察孩子的各项能力水平以及爱好，发现孩子虽然不敢大胆上台演讲或者分享，但是很擅长深度思考，会创造环境以便孩子这项优势能得到发挥。

8. 如果孩子沉迷手机游戏，你通常会怎么做？

   A. 严格管控家里的手机和电脑，不准孩子玩。

B. 有种无力感，不知道为什么孩子会沉迷手机游戏，深深地自责。

C. 孩子说一个人在家不好玩所以才玩手机和游戏，你告诉孩子既然有玩游戏的时间，那就应该有做作业的时间，指责孩子学习不上进。

D. 了解孩子沉迷手机游戏背后的心理需求，陪伴孩子慢慢走出来。

9. 如果孩子上课爱开小差，你通常会怎么做？

    A. 把孩子批评一顿，告诉孩子上课要认真听讲，跟孩子讲学习的重要性。

    B. 接到老师反馈时有种紧张感和无力感，不知道为什么孩子会上课开小差。

    C. 孩子说老师上课教的东西都会了，告诉孩子要虚心，会了也要再复习巩固。

    D. 孩子说老师上课教的东西都会了，你会去掉课前预习环节，保证孩子上课的专心度，并跟孩子的老师沟通孩子的情况，希望老师能够给孩子安排一些额外的有挑战性的任务，增强孩子上课的专注度。

10. 孩子突然不想上学，你通常会怎么做？

    A. 告诉孩子，想都不要想，或者告诉孩子上学的重要性。

    B. 有种无力感并深深地自责，觉得自己没有尽到父母的责任。

    C. 孩子说不管怎么努力，老师都会批评，你告诉孩子老师批评他是为了他好，必须要上学。

    D. 了解孩子不想上学背后的原因，理解孩子的感受，允许孩子在家休息几天，陪伴孩子恢复上学的内驱力。

完成后统计一下，ABCD 四个选项分别得多少分。如果 A 选项得分最高，那么你的测试结果为抓狂型父母；如果 B 选项得分最高，那么你的测试结果为迷茫型父母；如果 C 选项得分最高，那么你的测试结果为霸道型父母；如果 D 选项得分最高，那么你的测试结果为觉醒型父母。

ARP

第二章

RAP 养育法，
实现深度陪伴的好抓手

深度陪伴，RAP 三个要素缺一不可
深度陪伴 RAP 养育法，离不开妈妈爱自己
深度陪伴 RAP 养育法，让孩子的成长没有天花板

深度陪伴，RAP 三个要素缺一不可

父母的抓狂和迷茫背后

我见过很多父母其实非常用心，甚至也学习过很多育儿知识和方法，但面对孩子出现的问题，依然很抓狂和迷茫，为什么？

其实问题大都出在陪伴的重点和方向与孩子当下真正需要的陪伴不匹配。

比如，明明孩子这个阶段最需要的是父母的关怀，父母却还继续给孩子设定规则并且继续施压，那么当然无论父母多么努力，结果都会南辕北辙。

这个世界上没有最好的父爱或者母爱，最适合孩子当下需求的爱，就是最好的爱。但问题是，怎么才能快速知道孩子当下需要的爱是哪种爱，如何才能快速找对正确的方向呢？

"深度陪伴 RAP 养育法"可以帮助父母快速找到孩子的陪伴需求。当大家找到了孩子的陪伴需求，自然就会很清楚期待为什么会落空。

什么是深度陪伴 RAP 养育法呢？

深度陪伴 RAP 养育法包括三大部分：R 关系、A 意愿和 P 能力。

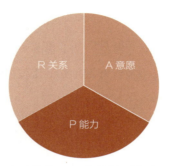

深度陪伴 RAP 养育法组成部分

R（Relationship）代表亲子"关系"。

为人父母的成年人跟自己父母的关系，有些很亲近，彼此关心，无话不说；有些却很疏远，即便生活在一个屋檐下，还是相顾无言，更别说走到彼此心里去；还有一些甚至反目成仇，断绝关系，老死不相往来。这些都是在关系层的表现。

A（Aspiration）代表孩子学习和探索的内在"意愿"。

有些孩子学习任何事物时都充满了兴趣和乐趣，喜欢探索，做事情非常积极主动，这说明孩子学习和探索的内在意愿非常强烈；有些孩子一提到学习就很容易感到无聊、烦躁，总是能拖则拖，喊一声动一下，这说明孩子学习和探索的内在意愿比较低；有些孩子提起作业就头疼、肚子疼，找各种借口避开学习，甚至不想上学，这说明孩子学习和探索的内在意愿已经非常低了，快到了厌学的程度。这些都是在"意愿"层的表现。

P（Power）代表孩子需要发展的各项多元"能力"。

有些孩子上课动来动去不好好听讲，有些孩子能安安静静地看书，一坐几个小时；有些孩子英语发音非常地道，有些孩子唱歌总是跑调；有些孩子画得惟妙惟肖，有些孩子写得鬼画桃符；有些孩子考试名列前茅，有些孩子总是垫底。这些都是在"能力"层的表现。

想要做到深度陪伴，RAP 这三个要素缺一不可。

如何才能让孩子考班级第一名？

比如，你希望孩子这次考试可以考班级第一名。这是你对孩子的期待，看起来在深度陪伴孩子时只需要关注孩子"P 能力"层面的表现就好。

然而，如果你只关注自己的期待，就会忽略孩子的感受以及孩子的需求。孩子是否同样期待自己考班级第一名？孩子对考班级第一名这件事情感觉怎么样？有没有压力？有没有信心？这些你都不了解。

我们在第一章的"陪伴层次模型"中讲过，如果我们想要做到深度陪伴，就必须关注孩子的感受和需求。

如果你的孩子没有考班级第一名的需求，那么你有两种选择。

第一种选择就是要求孩子必须考班级第一名，考不到班级第一名，假期旅行就取消，考到了会额外奖励一台平衡车。这就是典型的"传统陪伴"层次的亲子沟通方式。

也许这个方法很有效，但是它的前提是牺牲了孩子的感受。孩子并不是自发自愿地想要实现这个目标，只不过是受到了外在的威胁和诱惑。孩子的目标是那台平衡车，或者是"不要取消假期旅行"，而不是"考第一名"这件事情，孩子是被迫做出选择的。

如果父母反复用这样的方式去达成自己的期待，会让孩子误以为他学习的目的是为了实现父母的期待，而且这种想法会慢慢进入孩子的潜意识，变成孩子未来做决策的惯性思维模式。未来当孩子面临两个工作机会时，他的潜意识会引导他选择那个会让父母觉得特别满意的工作，而不是真正能发挥自己的优势、才能，或者让自己干得开心的工作。

所以激发孩子内在真正的意愿就非常关键。也就是第二种选择。

如果你想要让孩子考班级第一名，陪伴孩子时最需要关注的就应该是孩子"A 意愿"层面的表现。只有激发孩子自己想要考第一名的内驱力，才有可能实现这个目标，否则你只能退回到"传统陪伴"层次去强求孩子替你完成这个目标，把孩子培养成一个听话但是没有自己想法的"学习机器"。

好，这个时候你的注意力放在了激发孩子的内驱力上。当你跟孩子沟通他为什么不想考第一名时，你发现，孩子并不是没有这样的期待，而是他自己压根儿不相信自己可以做到。而孩子之所以会对自己不自信，是因为你经常批评他："怎么这点儿小事都做不好？"甚至嘲笑他："如果你能把这件事情做好，那简直是太阳从西边出来了。"所以他觉得自己真的什么事情都做不好，哪里还敢想考第一名的事情呢？

这时，孩子真正需要的是父母的支持，帮助孩子的能力上一个新的台阶。唯一的方法，只能是父母通过深度陪伴去帮助孩子感受到"我有能力做到"，然后你会发现孩子迸发出来的力量会超出你的想象。

可是，如果父母看不见这个需求，陪伴孩子时只是进行一些日常的嘘寒问暖，孩子就会感到特别无力、挫败，在做很多事情时，可能还没开始就先选择放弃了。

甚至还有可能孩子本身是完全具备这个能力的，他也知道自己是可以做到的，但是因为平时父母的要求让他压抑得喘不过气来，所以为了报复父母，不想让父母的期待得到满足而故意考不好，试图用这样的方式来反抗父母的控制。

如果是这种情况，父母想要提升孩子考第一名的"A 意愿"，还得先修复跟孩子的亲子关系（R 关系）。

所以，很多孩子的问题，看似是出在 P 能力上，其实是出在 A 意愿上，甚至是在 R 关系上。所以 RAP 三个要素缺一不可。

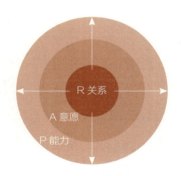

一旦掌握了 RAP 养育法，父母就可以像剥洋葱一样，一层一层往里去看问题究竟出在哪个层面。

大方向对了，父母陪伴孩子的每一分努力才能取得最大化的效果。

深度陪伴的递进顺序：R-A-P

其实并不是等到孩子出现问题了，家里已经开始鸡犬不宁了，才开始对孩子进行深度陪伴。而应该在孩子还小的时候，什么问题都没有发生的时候，就开始去深度陪伴孩子，这个时候的投入是最小的，回报却是最大的。

在孩子小的时候，尤其是 3 岁之前，我们要先跟孩子建立亲密牢固的亲子关系（R 关系）。

好的亲子关系是孩子成长的起点。

20 世纪 50 年代，美国心理学家哈里·哈洛用恒河猴做了一个非常著名的实验。哈洛做了两个假的母猴子，一个用钢丝网制作而成，并在它的胸前安装了奶瓶，可以 24 小时供应母乳。另一个用绒布制作而成，摸起来非常柔软和舒适，但是没有安装奶瓶。他把刚出生不久的小猴子从猴妈妈身边带走，放到两个假的猴妈妈面前。哈洛发现，除了吃奶，小猴子会一直跟绒布妈妈待在一起，受到惊吓时，小猴子也会跑到绒布妈妈那里寻求安慰，因为绒布妈妈可以给它带来温暖和安全感。

当小猴子和假猴妈妈相处一段时间后，哈洛开始尝试把钢丝妈妈和绒布妈妈移除，看看小猴子有什么反应。实验发现，当胸前挂有奶瓶的钢丝妈妈在场，而把绒布妈妈移走时，小猴子会情绪失控，惊慌失措，大声尖叫。它宁可蜷缩在绒布妈妈原来待着的地方，也不去拥抱钢丝妈妈。就算工作人员往笼子里放置新玩具，小猴子也没有探索的欲望。

后来哈洛把这些小猴子放进正常的小猴群体中，他发现，这些小猴子对周围的一切都抱有敌意，不能和其他猴子一起玩耍，也不愿意跟其他猴子接触，有的攻击性特别强，不合群，有的甚至还出现了自残现象。

这个实验表明，**让孩子感受到安全和爱，是促进孩子不断向外探索和发展的根基，孩子和妈妈的依恋关系决定了孩子对外在世界的开放程度、信任程度以及孩子与外在世界的互动方式。**

这些都属于亲子关系（R关系）的范畴，没有良好的亲子关系作为基础，谈孩子的成长，无异于空中楼阁。所以良好的亲子关系是原点，是我们深度陪伴孩子的核心。

有了好的亲子关系作为基础，孩子自然就会对外部世界充满好奇，自然就愿意去探索外部世界。在这种情况下，我们再去激发孩子主动学习、主动做事情的内驱力（A意愿），其实是非常容易的。

在第四章中，我会提供帮助孩子提升学习意愿（A意愿）的工具。

当有了好的亲子关系（R关系）作为基础，孩子又有足够的内驱力（A意愿），他就不需要为了渴求父母的爱和关注而消耗自己的精力，父母也不需要为了提升孩子的内驱力而头疼不已。双方都可以把所有的精力聚焦到如何提升孩子的能力（P能力）上，这种状态是家庭内部情绪内耗总和最少，也是最合力和轻盈的状态。

在第五章中，我会提供帮助孩子提升多元能力（P能力）的工具。

有一段时间，我每天早上上班前都会给乐乐布置阅读一段历史的任务，下班后再跟乐乐一起探讨这部分历史的内容。从远古时代到近代的历史，

第二章　RAP养育法，实现深度陪伴的好抓手

我们花了差不多 2 个月时间阅读和探讨完。

我也顺便建了一个"玩中学历史"的微信群，每天早上我都会把我当天带乐乐读的章节以及当天要讨论的主题发布到群里，大家只需要照着去做就好了，非常简单，群里有几百个家庭跟着我一起带孩子每天读历史。

还没读几天，大家就发现了问题，因为有些家庭的孩子不想读。虽然我选的这套书很有趣，虽然父母认为孩子完全有能力理解和读完，可是孩子就是不愿意读。所以读着读着，有些家庭就落下了，跟不上，父母也觉得特别可惜。因为有这样一个氛围，内容又这么有趣，如果每天能够读一点，不知不觉孩子就能对我们的历史了如指掌，根本不需要死记硬背。

究其原因，就是这些父母跟孩子之间的亲子关系（R 关系）出现了一些问题，所以孩子不想听父母的安排。即便父母的安排是贴心的，也是为孩子好的，孩子也不想按照父母建议的方式去做，于是在孩子的行动意愿（A 意愿）上，父母会有一些无力的感觉。

所以，深度陪伴孩子的顺序，应该首先从 R 关系开始，再到 A 意愿，最后才是父母关心的 P 能力部分。

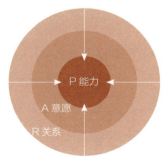

深度陪伴的递进顺序

047

如果把这个顺序弄反了，父母往往会南辕北辙，甚至花了很多时间、很多金钱，最后还是在原地转圈。

如果我们从孩子出生开始，就按照 R-A-P 的顺序去陪伴孩子，你会发现，等到孩子上小学之后，当其他父母都在头疼孩子完不成作业、不爱学习时，你会轻松很多。 因为你在头 6 年已经提前打好了基础，而其他父母是遇到了问题才开始行动。这 6 年的深度陪伴，才是孩子真正的起跑线。

深度陪伴解决问题的路径：P-A-R

通常，当孩子的行为跟父母的期待不一致时，我们解决问题的第一步是从 P 能力开始。

比如，如果孩子写字慢、认字少、算数很慢、半天写不出作文，我们可以先去看孩子是不是缺乏哪方面能力，然后再专注地去帮助孩子提升这部分能力。在本书中会专门讲到孩子的多元能力，可以给父母一个更加全面的视角，帮助父母快速判断孩子到底是哪方面能力缺乏。

如果你发现，这些能力的障碍都扫清了，孩子的能力还是提不上来，那我们就得再深入一层去看，是不是孩子没有意愿去做这件事。

有一位学员妈妈曾经跟我讲过她的困惑，孩子总是背不下来课文，有时候一篇课文要背到晚上 12 点才勉强背会，妈妈也跟着熬夜睡不好觉，孩子和妈妈都很崩溃。通过跟这位妈妈沟通，我发现，这个孩子背课文慢并不是能力问题，因为他有时候背课文背得很快，所以并不是记忆力不好。排除了能力障碍，那么再往里面看，其实就是孩子在那个当下没有背课文的意愿。孩子不愿意背课文是因为内在有抵触情绪，内在有抵触情绪是因为妈妈比较吹毛求疵，孩子出现一点小错误，就要求孩子重背，导致孩子越背越紧张，越背越烦。

当孩子没有意愿去做一件事时，可能是因为不喜欢，也可能是因为有挫败感、不自信，还可能是亲子关系出了问题。如果是后者，那么只在 A 意愿这个层面去解决问题，就会非常低效。高效的做法是先放下对结果、意愿的期待，耐心地去修复跟孩子的亲子关系。R 关系的部分修复了，孩子的意愿问题很容易就可以解决。

我曾讲过一个故事：

一位妈妈告诉我，她们家老大两周岁左右时，老二出生了。由于月子期间精力有限，所以她的注意力都放到了刚出生的小宝宝身上，老大就交给爷爷奶奶照看。爷爷奶奶在哄二宝时，经常会当着老大的面对二宝说："宝宝乖呀，你最乖了，你看姐姐就不听话。"

慢慢地，妈妈发现，老大的行为开始倒退，她在家不仅会用爬来代替走路，还会动不动就发脾气。其实，孩子的这种行为，是想重新获得妈妈的爱。她觉得妈妈有了弟弟之后就不爱她了，所以错误地认为，只有自己变成小宝宝，才能重新赢得妈妈的爱。

这位妈妈意识到自己和老大之间的问题后，出了月子就果断把老二交给了爷爷奶奶照看。因为她觉得老二现在还小，主要的需求表现在生理上，而老大现在亟须自己给予关爱，她需要赶紧修复和老大之间的情感联结。通过这位妈妈一段时间的深度陪伴，老大的行为慢慢恢复了正常。

这个孩子是幸运的,虽然她还不怎么会向妈妈表达自己的需求,但是敏感的妈妈及时地从她的行为中读懂了她的内心需求。于是,这位妈妈果断地深度陪伴她,从而避免了自己在错误的育儿路上越走越远。

当孩子的行为出现偏差时,问题的根源在亲子关系,所以这位妈妈跳过意愿层面的努力,直接从亲子关系入手,很轻松地就解决了一个看似很棘手的问题。

这就是深度陪伴解决问题的思路,P-A-R。有了这样一条清晰的路径,父母在陪伴孩子成长的过程中,可以少走很多弯路,投入同样的时间和精力,可以取得更好的效果。

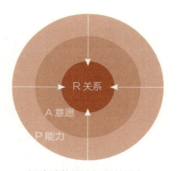

深度陪伴解决问题的路径

深度陪伴 RAP 养育法，离不开妈妈爱自己

停止抱怨、开始爱自己的妈妈

我的深度陪伴学员燕子分享了她自己的一个体验：

上一周，工作特别忙，每天早上7点出门，晚上10点以后回家，顾不上照顾孩子们。周末终于可以早回家了。晚上8点半进家门的我，迎来了热情的孩子们："妈妈，你回来了，陪我玩跳棋！""妈妈，我想让你陪我听歌。"

想要休息的我，头一下子炸了，我只想倒在床上睡觉，谁都不想陪！

没有学习深度陪伴之前，我一定会忍不住抱怨："烦死了，你们自己玩吧，别来烦我，我太累了！你们总是在我特别累的时候来烦我！"

但是现在的我，整理了一下情绪，平和地对孩子们说："停一下，听妈妈说，妈妈最近特别辛苦，今天想好好休息。我现在头疼头晕，浑身疲惫，希望你们可以自己再坚持玩一会儿，不过，我可以看你们玩或听你们讲。"

正在上六年级的老大安静了一下，说："那我还是回我的房间继续画画吧，你好好休息。"

刚上一年级的老二还有些不甘心，问我："妈妈，你真的不能陪我下

棋吗？"

我微笑着回答："是的，今天真的不能陪你了。"

一向不达目的不罢休的老二居然也接受了，说："那好吧，我不下棋了，我想看书，要不我给你读一会儿故事吧？"

我说："这太好了，我很开心。"

安心地休息了 1 个钟头，睡前，我对两个孩子说："真的很感谢你们在这一周里支持妈妈的工作，妈妈很喜欢现在的工作，这个工作关系到公司的发展，它很有意义。谢谢你们可以在我忙的时候照顾好自己，能够好好喝水、认真完成作业。"

两个孩子也都特别开心。

燕子说："感谢孩子们的理解，感谢自己一直坚持深度陪伴，让我和孩子们的情绪都在可控的范围内。"

我想说，这样的陪伴，才是孩子们想要的陪伴。因为深度陪伴绝对不是妈妈单方面为孩子去牺牲自己，像蜡烛一样，燃烧自己来成就孩子。真正的深度陪伴，一定是相互滋养。

爱自己，才能让我们的情绪保持在可控范围内，才能让我们的亲子关系一直处于一种稳定的亲近状态。

深度陪伴的前提是妈妈的能量状态

没有足够的能量支撑，想要做好对孩子的深度陪伴，无异于天方夜谭。

从中医的角度来看，当一个人能量不够时，神是不定的，很容易被任何外在事物干扰。就像池塘里面的水，即使只是一阵微风轻轻拂过水面，也会荡起不小的涟漪。

所以，当父母自己能量状态不够时，很容易因为一点小事就炸了。如果这个时候去陪孩子做作业，就很容易控制不住自己的情绪。

如果这时父母还选择把注意力放在孩子身上，一道题讲一遍不会，就讲 10 遍，讲 10 遍不会，就一直讲到会为止，那么父母的能量状态就会越来越低，同时孩子的能量状态也会被带得越来越低。

正确的做法是，当父母觉察到自己的能量不够时，要把注意力收回到自己身上，去做一些可以提升自己能量的事情。缺觉的去补个觉，思虑太多的就去做一会儿正念。

父母的能量状态提升了，再来陪孩子做作业，脸上的神色都会变得平和、放松，陪伴的耐心、质量自然就会得到改善。

我每次觉察到自己快失去耐心的时候，一般都会跟乐乐说，妈妈最近有些缺觉，先补个觉再陪你。以至于每当乐乐看到我状态有点不对时，就会主动提醒我："妈妈，你肯定是没有睡好觉，太累了，你赶紧去休息。"

这就是一种非常真实自然的情感互动状态，我们不需要苛求自己，一定要成为一个每天能量满满的妈妈，但是我们要清晰地知道自己当下是什么状态。有多少能量就做多少事，不要强迫自己，也不要强求孩子。

正确认识自己当下真实的能量状态很重要。

现在妈妈这个角色特别内卷。

当我们看到明星妈妈生完孩子没有满是赘肉的小腹，立马觉得自己严重变形的身材丑陋得不行。当我们在朋友圈看到别人家的妈妈随便一拍照都是大片，养娃是专家，年入百万，婆媳关系一流，夫妻相处融洽，再看看自己，养育孩子一地鸡毛，赚钱难上加难，对于婆媳关系、夫妻关系以前还烦，现在连烦的心思都没有了，立马觉得自己失败得不行。

内卷的结果就是，人会疯狂外求，失去自己的判断力，希望马上看到成果，仿佛只要慢一点，自己就是失败者。

可是，当好"既能深度陪伴孩子，还能让自己有价值"的妈妈，真的没有速成的方法。

不要被网络上的"别人家的妈妈"晒的朋友圈带偏了，因为网络上的信息是不完整的。

别人家的妈妈今天给孩子读了 10 本绘本，你确定那是 365 天每天的常态吗？还是某一天的高光时刻？如果不是常态，那就不要因为自己今天只给孩子读了 2 本绘本而自责了。

如果我们总是关注别人做了什么，就是在持续地外求，会让自己变得不自信、焦虑、不安定。一会儿觉得这个好，一会儿觉得那个好，一会儿上这个课，一会儿上那个课，学习的时间很多，践行的时间却几乎没有，那么本来就不高的能量会被进一步耗散掉。

正确的做法是回到自己身上，思考"我想成为怎样的妈妈，我希望如何陪伴孩子，我应该如何去实现"。没有外在的能量耗散，专注在你自己的目标上，行动起来，你的能量就会被重新聚集起来。

明确自己当下的状态是外求还是内求很重要。

当妈妈不再被陪伴孩子束缚，孩子也不再去承载妈妈的牺牲感时，亲子关系才是真正双向滋养的关系。

这样的陪伴，才是彼此滋养的深度陪伴。

给自己的情绪银行定期储蓄

我们每个人的身体里面都有一个情绪银行。以前当我想休息，但是不允许自己休息时，我就在情绪银行存了一笔"委屈"的情绪币；当我非要乐爸按照我的方式去做，但是他坚持他的做法时，我又在情绪银行存了一笔"愤怒"的情绪币；当我期待乐爸不需要我讲就能主动看到我为家庭的付出而他却看不见时，我又在情绪银行存了一笔"伤心"的情绪币。如果这些负面情绪在我的情绪银行里多到装不下了，我就会情绪失控。所以，我情绪失控的时候，并不是因为那一件小事，而是因为我的情绪银行被负面情绪币填满了。

很多妈妈特别能够隐忍，哪怕很累了，还会硬撑着去照顾孩子、照顾老公、做家务。只要不到崩溃的极点，都能够再撑会儿，直到实在撑不住了，才会情绪大爆发。此时就像打开了情绪的潘多拉盒，委屈、抱怨、指责、愤怒一股脑儿全部出来了。

所以，虽然能量状态可能早就开始往下走了，但是往往当情绪爆发时，才会被孩子和家人感知到。

我的母亲就是这样的人，她很能干，也很贤惠，做饭特别好吃，家里总是被她收拾得一尘不染。在我的记忆中，不论我们外出回家多晚、多累，进门把鞋一换，一分钟内就能看到她已经开始在收拾家里了。哪怕生病不舒服，也要坚持做完。

父亲的生活节奏跟母亲有点不一样，父亲回到家之后，如果觉得累了，就会坐在沙发上看会儿报纸或者打开电视休息一下。所以母亲经常会批评父亲："你只知道整天坐在沙发上看电视！"然后抱怨，"这家里的事情我不做就没人做！"接着就会觉得特别委屈，"别人家都是男人做家务女人享福，我真是命苦。"

其实父亲并不是不做事情，在我的童年印象中，父亲做饭很好吃，家务做得也很好。只是，他们的生活方式有些不一样。母亲觉得必须要先干完家务活儿才能休息，而父亲觉得休息好了再做家务也可以。久而久之，母亲内心积攒了很多的委屈、抱怨、愤怒，特别容易发脾气，我永远不知道什么时候母亲会突然对我们发脾气。从小到大，我经常听到母亲数落父亲，我一方面替父亲叫屈，一方面又心疼母亲。

在我生老大乐乐之前，我曾经百分百复制了母亲在婚姻里的模式。每天下班回到家，不论多累，放下包，换上拖鞋，马上就开始做饭、打扫，而乐爸就像我的父亲一样，会坐在沙发上看他的书。恋爱期间，我觉得那是一种很幸福的感觉，能为自己爱的人做点什么，是一种价值的体现。但是自从有了孩子，我一边做着这些事情，一边越来越多地抱怨、委屈和指责。

每当我跟乐爸争吵时，我就会把我平时在家务这方面付出了很多而他却一点儿都没有付出这件事拿出来讲，通常最后的结果就是乐爸道歉让步，承认自己的错误。

有一天，我跟乐爸又发生了争吵，我再一次把这件事情拿出来说，乐爸突然回了我一句："可是我并没有要求你做这些事情呀。"

我呆住了，我反问他："那你觉得我们家乱七八糟的没人收拾，你也无所谓吗？"

乐爸回答："我觉得没问题呀，相比家里很干净，但是我们却总是因为这件事情争吵，我宁愿家里一团乱，你开心，我也开心。"

那一刻，我突然发现，原来，我那些看似"贤妻良母"的行为背后，其实隐藏着很深的期待。我期待我做的事情可以成为我跟乐爸争吵的底牌，让自己永远可以处在那个"赢"的位置。其实，我根本不享受做家务这件事情，我以为我喜欢，我以为我发自内心地愿意为这个家庭去做，其实不是。

乐爸说："如果你不想做，那就不用做，不要委屈自己，家里乱一点儿反而更有生活气息。"

从那以后，我就彻底接纳了我不喜欢做家务这件事情，也不再强迫自己像母亲一样，不论多累，都会第一时间把家里收拾得干干净净的。我的牺牲感少了，就没有了不合理的期待，委屈少了，情绪内耗也少了。

从那以后，当我觉察到我有负面情绪时，我都会去思考委屈背后是什么，愤怒的是什么，伤心的是什么。

当我及时觉察到了负面情绪背后的原因，我会选择用爱自己的方式去处理。

如果我觉得委屈，委屈的背后可能是我觉得我都要累死了乐爸却一点儿都不关心我，那我就会停下那些让我觉得很累的事情，让自己好好休息一下。

如果我觉得很愤怒，愤怒的背后可能是周末我兴致勃勃地期待着一家人出去爬山运动一下，结果乐爸说太累了不想去，那我就会停下来问自己，如果乐爸不想去，我还想带孩子去爬山吗？我发现，即便这样，我仍然很想带孩子去爬山，因为我自己喜欢户外运动，我也很享受陪伴孩子的过程，于是我就会放下对乐爸的期待，去做自己喜欢做的事情。

当我们爱自己时，我们人生的主动权就掌握在自己手中，而不是被别人的一举一动所影响，我们的情绪银行自然就不太容易被负面情绪填满，导致情绪失控了。

作为孩子的妈妈，我们是要多去看见孩子，但我们更要多去看见自己。看见自己的情绪，看见自己的需求，愿意满足自己需求的妈妈，才能做自身情绪银行的主人。

小练习

觉察自己的需求

1. 拿出一张白纸和一支笔，给自己放一首轻柔舒缓的音乐，找一个安静的空间。
2. 写下你最近情绪失控的事情，觉察分别是哪些负面情绪，以及这些负面情绪背后你忽视了自己的哪些需求，把这些未被满足的需求列出来。

用生命生孩子的女人，配得上任性和骄傲

哪个女人不是在用生命生孩子？

十月怀胎会经历什么？没生过孩子的人，简直无法想象。

我曾经有一个同事，一直没怀上宝宝，去医院做各种检查，做各种治疗，折腾了一年多，最后差一点就要做试管婴儿了，才幸运地怀上。

我怀老大乐乐时黄体酮很低，每天都要吃保胎药。中间还出血过，医生说我要卧床保胎，每天就是躺在床上，不能下床。那种躺得屁股都要麻木了的感觉，男人是无法体会的。

我怀老大乐乐和老二雄雄都是整整吐了 5 个月，每次都感觉胆汁都要吐出来了。经常是吐到没有任何东西可吐，但还是控制不住要吐。吐完又担心肚子里的孩子营养不够，哪怕一点食欲都没有，也要强迫自己再吃点。

怀老大乐乐时，我还得过一场重感冒，那又是一次痛不欲生的体验。咳嗽、鼻子堵住了无法呼吸，为了不影响肚子里的宝宝，所以不吃任何药，完全靠自己硬抗。咳得感觉肺都在抖，那也硬扛着。晚上鼻子堵得睡不着觉，只能张着嘴巴大口大口地呼吸，给肚子里面的宝宝多一些氧气。

等到快生产时，我还经历过好几次氧气不够无法呼吸，大半夜跑到医院去吸氧的情况。

好不容易等到生产了，因为我心律不齐，心脏有预激综合征，所以还得提前做好万一出现突发情况，可能会被送去抢救的心理准备。

等到终于进了产房，还要经历让人痛得想要撞墙的宫缩。在头脑已经被宫缩痛折磨得不清晰的情况下，还要强迫自己冷静下来，按照拉玛泽呼

吸法一步步深呼吸，让肚子里的孩子能够平安生下来。

最后，因为羊水污染，刚生下乐乐，还没机会抱抱孩子，乐乐就被下达了"病危通知书"，紧急送去抢救。幸运的是，一周后孩子健康平安地回到了家。

备孕的心酸、保胎的担忧、孕吐的难受、孕期感冒只能硬抗的痛苦、孕晚期身体的重负、生产时痛到想撞墙的宫缩、生完孩子缝针等各种痛……只有亲身经历过，才能懂。有的妈妈还经历过顺产不成无奈转剖，有的妈妈经历过缝针不到位要拆掉重缝，还有的妈妈因为医生要带实习生实习，会经历被围观。这些经历如果不是为了孩子，哪个女人会无怨无悔？

所以我真心觉得女人都是用生命来生孩子的，就凭这一点，每一位妈妈都配得上任性和骄傲。

但是，让我觉得特别心疼的是，生完孩子之后，大部分家庭都是妈妈承担了更多的养育工作，甚至还要承担所有的家务。如果是全职在家带孩子的妈妈，更是一年365天，每天24小时带娃，全年无休。她们非常渴望周末时能够休息半天，放空一下，走出封闭的圈子，提升一下自己，多认识一些新的朋友。但是因为老公忙工作，周末都不休息，或者老公忙了一周，周末想要多休息，所以她们还得继续带孩子，从来没有休息的时间。

可能你会觉得，这些妈妈是自作自受，自己没有鼓励爸爸多带孩子。

但是我想说，其实不是，是因为很多妈妈太不自信。她们不爱自己，总是把另一半和孩子的需求放在首位，永远把自己的需求放在最后。所以每每跟这样的妈妈接触，我都会特别心疼。

其实很多爸爸并不是不愿意带孩子，他们可能是不知道方法，也可能是看到妈妈带孩子比自己带得更细致，所以更放心，还可能是妈妈从来没有提出过需要帮助和支持，因此他们也不想去干涉妈妈自己领地范围内的工作。

所以妈妈们一定要多爱自己，主动邀请爸爸参与到陪伴孩子的过程中来。

比如，让爸爸给孩子讲个故事，带孩子出去踢个球，给孩子洗个澡，这些都是爸爸力所能及的事情。还可以主动邀请爸爸跟你一起学习深度陪伴 RAP 养育法，保持陪伴理念上的同频。每周给自己留半天时间去放松一下，独处一下，修复自己的能量。

我特别想跟每一位妈妈说，孩子不希望妈妈用牺牲自己的方式来成就他们。深度陪伴孩子成长的过程，一定是对孩子、对妈妈双向滋养的过程。

要牢记，你是用生命来生孩子的女性，你配得上任性和骄傲，一定要多爱自己。因为你爱自己，自己跟自己的关系好了，你跟另一半的关系才会好，跟孩子的亲子关系才会更好。

所以我跟乐爸说："我觉得就凭我用生命生孩子这一点，你就应该多包容我一些。"

这句话，我也想送给所有为人母的女人。

就冲着生过孩子这件事，就算有时候我们有些小任性和不讲道理，也值得包容，值得关爱。

用生命生孩子的女人，配得上任性和骄傲。

深度陪伴 RAP 养育法，
让孩子的成长没有天花板

我经常跟父母们说，在现在这个时代，真的完全不需要担心孩子未来的生存问题，只要足够勤奋，只要有足够的认知，做什么都可以生存。我们需要思考的反而是，孩子做什么是开心的、事半功倍的，是让他特别有成就感的，是顺应这个时代机遇的。

比如，孩子的成绩很好，但是不开心，没有成就感，父母却帮孩子选了一个未来很可能被人工智能取代的专业，那可能还不如孩子成绩不怎么好，但是有自己的专长和优势，选了一个未来特别有前景的专业。相比之下，后者能让孩子有更好的前途，更幸福的未来。

这里就需要回到教育的本质：我们让孩子接受教育，到底是为了什么？

米开朗琪罗创造了非常著名的雕塑作品《大卫》，完成后，有人问他："你是怎么创造出大卫的？"米开朗琪罗回答："我并没有创造大卫，大卫就在石头里，我只是凿去了多余的石头，把它释放出来而已。"

第二章　RAP养育法，实现深度陪伴的好抓手

这句话我特别喜欢，也启发了我对教育的思考。教育就跟米开朗琪罗的作品《大卫》一样，我们并不是要把"一张白纸的孩子"变成一个"父母期待的理想孩子"。我们不能用我们的期待去绑架孩子，而是要帮助孩子释放自我。

我们要相信，每个孩子的内心都有一个独特的、伟大的自我，一旦自我被释放，其迸发出来的能量是不可想象的。父母要通过帮助孩子释放"自我"的方式给予孩子最大程度的支持。

这个自我，既包括孩子的天性，也包括孩子的学习模式，还包括孩子的能力。在孩子的能力里面，很多父母最关注的是孩子的学习成绩。

关注孩子的学习成绩没有错，但是如果你希望真正帮助孩子提升成绩，那么就需要关注孩子成绩背后的多元能力的提升。要想帮助孩子提升他们的多元能力，还要关注孩子多元能力背后的因素——孩子的学习内驱力，并关注孩子学习内驱力背后的根基——亲密牢固的亲子关系。因为，作为父母，我们不应该成为孩子成长的天花板，释放孩子的自我，孩子的成长就永远都没有天花板。

在接下来的三章中，我们将分享如何构建亲密牢固的亲子关系，如何培养有内驱力的孩子，如何智慧地发展孩子的多元能力。深度陪伴RAP养育法的每一个模块，我都会详细拆解，并提供36个拿来即用的工具和60多个真实的养育案例，让每一位父母都可以带着清晰的方向，通过具体的路径，运用落地的工具去实现自己深度陪伴孩子的目标。

第三章

R 关系，构建亲密牢固的亲子关系

不打扰·不评判·说出孩子的感受和需求　**看见**
界限清晰·接纳缺点·认同感受　**接纳**
做孩子的"第二只小鸡"·拥抱·及时回应·道歉　**安抚**
愿意满足孩子的需求·允许犯错·放手·商量　**相信**

对亲子关系的四种错误认知

很多父母对亲子关系的重视度非常低,为了提升孩子的能力,不惜以牺牲亲子关系为代价,这是一个损失很大的决策。

因为没有好的亲子关系作为基础,想要提升孩子的能力比登山还难;但是如果有好的亲子关系,只要父母掌握了正确的方法,提升孩子的能力其实很快。

就像我在第二章提到的,我带乐乐用 2 个月的时间在玩中学历史,因为有良好的亲子关系做基础,我和孩子之间不需要为学习这件事情进行劝说、谈判或争执。我和孩子都可以把所有的精力放在如何让这件事情做好上面,孩子的能力当然会很快提升,我也不需要在工作之余还要为孩子的学习担忧。

有的父母之所以对亲子关系的重视度低,是因为他们完全没有意识到他们对亲子关系有很多错误的认知。

第一个常见的错误认知是,因为自己跟孩子之间有血缘关系,所以便默认孩子的一切都是自己给的,孩子就应该听自己的。这类父母会把孩子当成自己的私有财产，想批评就批评，想吼就吼，想骂就骂，因为他们不觉得这些行为会破坏亲子关系。

第二个常见的错误认知是，一家人之间，爱放在心里就好，不用在口头和行为上表达出来。这类父母会把对孩子的爱藏在心里，几乎不会跟孩子说"妈妈爱你""爸爸爱你"，也不会在孩子需要的时候去安抚孩子。

第三个常见的错误认知是，认为自己作为父母，无论做什么都是为了孩子好。言下之意就是，"无论爸爸妈妈如何对待你，你都应该跟我们关系亲密"。如果觉得自己的出发点都是为了孩子好，便做自己认为对的事情，那么孩子就会觉得很委屈，"你说是为我好，可是我不觉得你是在为我好呀"。

第四个常见的错误认知是，孩子现在恨自己也没关系，等他长大了就能理解父母的良苦用心了。这类父母完全被网上类似"长大后我才明白父母的良苦用心"的论调给迷惑了。这里涉及心理学上的"幸存者偏差"概念。不排除有一部分孩子以前恨父母，长大后就明白了父母的良苦用心，跟父母和解了。但是绝大部分孩子，长大后其实都无法跟父母和解，甚至会把原生家庭带来的伤痛带到自己的小家庭里面，对自己的妻子或丈夫以及孩子造成新的痛苦。

我非常相信，很少有父母在知道了亲子关系的重要性之后，仍然不重视亲子关系。大部分父母都是被这四种错误的认知所影响，不能在行为层面真正地将亲子关系重视起来。这些错误认知，大都是在无意识的状态下形成的。当我们摆正了认知，自然就愿意在行为层面真正重视起来。

亲子关系的四个核心要素

我见过很多父母，工作很忙，赚很多钱，有能力给孩子买很好的学区房，报很贵的兴趣班，请阿姨精心照顾孩子。这些父母爱孩子吗？肯定爱。他们和孩子的亲子关系好吗？不一定。

亲子问题已经成了很多家庭的一个共性问题。

父母都喜欢用自己认为对孩子好的方式去爱孩子，而不是真正从孩子的需要出发去爱孩子，最后的结果就是父母认为自己为孩子付出了全部，但是孩子却不领情。

为什么会出现这种情况呢？

我认为有三个主要原因：

第一个原因是存在认知代沟。

每个人最初都是透过"自己的需求"来看待这个世界的。

比如，小时候家里条件不太好或者条件一般的父母，很喜欢给孩子买很多好吃的、好玩的，因为他们觉得自己小时候眼巴巴看着别人穿漂亮的衣服、吃好吃的零食，自己却没有，感觉自己很可怜。他们的需求是"别人有的，我也要有"，所以"别人家孩子有的，我家孩子也得有"，他们觉得这样做才是爱孩子。

小时候没有上过兴趣班，但又渴望自己多才多艺的父母，会很喜欢给孩子报很多兴趣班，因为觉得自己小时候就是因为没有上兴趣班，在才艺方面才一窍不通。他们的需求是"多才多艺"，所以觉得给孩子报很多兴趣班才是爱孩子。

上学时成绩不好，没有考上好的大学，人生留有遗憾的父母，会很喜欢给孩子报各种各样的辅导班、培训班。他们的需求是"考上好的大学"，所以会想尽办法提升孩子的学习成绩，帮助孩子考上名校，觉得这才是爱孩子。

小时候被管得太多，导致自己的人生被束缚的父母，会很倡导"只要孩子开心快乐就好""千万不要管孩子"，因为他们觉得自己当年就是被父母管得太多了，才什么事情都不敢去尝试。他们的需求是"不被管"，所以，他们认为，不管孩子，才是爱孩子。

但是，父母的需求，不一定是孩子的需求。父母和孩子的认知不一样，需求就会不一样。如果父母强行把自己需要的东西塞给孩子，就会出现认知代沟。结果就是，父母觉得自己给了孩子很多爱，但是孩子反而感受不到爱。

第二个原因是需求升级。

人本主义心理学创始人马斯洛提出了著名的"马斯洛需求层次理论"。

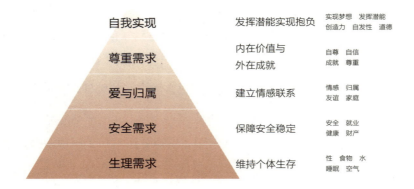

大多数 70 后、80 后这代人，小时候生活的主要需求还处于最基础的两个层次，生理需求和安全需求。

当 70 后、80 后成为父母，他们的孩子基本上都是 00 后、10 后或者 20 后。这些孩子出生的时候，大部分家庭已经比较富裕了，都是不愁吃穿的，所以孩子从出生的那一刻起，头两个层次的需求都默认被满足了，会直接上升到第三个和第四个层次，即爱与归属，以及尊重需求。

这就是为什么很多父母会觉得，自己小时候挨打是家常便饭，也没有出现心理问题，但现在的孩子打不得骂不得，特别脆弱，稍不注意心理就出问题了。

因为成长的时代不一样，核心需求不一样了。

第三个原因是时间问题。

很多父母因为忙于工作，没时间陪孩子。据统计，2018 年中国男性的劳动参与率高达 90%，位居世界前端，女性劳动参与率高达 70%，位居世界第一。爸爸妈妈都工作，孩子只能交给爷爷奶奶、外公外婆或者托育班、保姆照看，陪伴缺失是亲子关系不好的很大一个原因。也正因为父母陪伴孩子的时间少，如果想要有好的亲子关系，就要提高陪伴质量。

在践行深度陪伴的十年里，我接触过大量的父母，在给大家辅导和咨询的过程中，我发现一个规律，凡是亲子关系好的家庭，他们都做对了一些事情，亲子关系不好的家庭，也是这些方面没有做好。我把这些跟亲子关系息息相关的事情提炼成了亲子关系四要素，分别是：**看见、接纳、安抚、相信**。

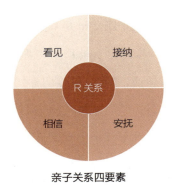

亲子关系四要素

看见是指能够看见孩子的真实自我。

很多父母眼中的孩子其实不是孩子自己，而是父母幻想出来的孩子。在这种情况下，孩子也很容易被负面暗示影响，变成父母幻想出来的那个孩子，失去真正的自我。

这样的亲子关系不可能融洽。因为孩子只要跟父母在一起，就会觉压抑，想要远离父母，长大后还会想考一个离家很远的大学，谁都不认识自己，重新做自己。

我就是一个童年完全不被父母看见的孩子，所以小时候明明内心不想听话，偶尔也会跟父母顶嘴，但是整体来讲还是个乖乖女。我很讨厌那种不能完全做自己的感觉，所以高考结束后，我欣然接受了父母建议我报考的大学。因为这所大学离家 1700 公里远，去那里就等于去一个没人认识我的地方，这样我就可以做回真正的自己了。

接纳是指学会接纳孩子本来的样子。

首先，父母要学会接纳孩子跟父母是不一样的个体，因为孩子的需求和父母的需求很可能是不一样的，不能混为一谈。

比如，我们都听过一句话，"有一种冷叫你妈觉得你很冷"。当妈妈自己穿两件衣服还觉得很冷时，就会赶紧给孩子再加一件。但是孩子其实根本不需要穿那么多，正常情况下孩子要比父母少穿一件才刚刚好，因为孩子阳气十足，不怕冷。妈妈给孩子穿很多，是因为妈妈把自己的需求当成了孩子的需求，没有把这两者区分开。如果妈妈能够接纳孩子的需求可能跟自己的需求不一样，那么就会尊重孩子的需求，而不是强行用自己的需求去代替孩子的需求。

其次，孩子可能不如父母优秀，或者孩子不如父母期待的那么优秀，这一点父母也需要接纳，因为那才是孩子真实的样子。比尔·盖茨和乔布斯的孩子可能在商业上没有他们的父亲成功，但是并不意味着他们的人生就很失败。一个能够做自己、找到自己热爱的事情并且为之努力终生的孩子，也是幸福的，也是成功的。

安抚是指当孩子伤心、生气、焦虑、害怕时，去安抚孩子的心灵，帮助孩子平复下来。

在第二章里我给大家分享了美国心理学家哈里·哈洛的恒河猴实验，这个实验也证明了妈妈的安抚对孩子的成长有多重要。

很多家庭亲子关系之所以会严重破裂，就是因为父母不仅没有给予孩子安抚，还在不停地给孩子制造伤心、生气、焦虑、害怕等各种负面情绪，让孩子的心灵二次受伤，难以平复。

我相信，父母的初衷绝对不是这样，但是这样做的结果完全背离了父母的初衷。

相信是指无论孩子做什么，父母都选择先相信孩子。

我见过很多亲子关系岌岌可危的家庭，都是孩子不相信父母，父母也不相信孩子。父母希望孩子能够先做出一点事情来重新赢得父母的信任，而孩子又希望父母能够先相信自己，自己才有动力去努力。

这是一个两难的困境。

在这种情况下，只有一种方式可以跳出这种困境，那就是不论孩子做什么，父母都先选择相信孩子。

这是因为，孩子对自我的认知，首先来自生命中的"重要他人"对他的评价。而父母就是孩子生命中最重要的那个"重要他人"。

没有父母的信任，孩子就无法确认他是否值得被相信，是否值得被爱，没有爱作为基础，孩子就没有前进的动力。

虽说关系是相互的，但作为成人，父母要率先给出自己的信任。没有父母对孩子的信任，就不可能有孩子对父母的信任，这是一个先后顺序的问题。

所以，在这一章里，我们会详细讲述，如何通过 看见、接纳、安抚、相信这四个要素 来构建亲密牢固的亲子关系，并且会提供 14 个深度陪伴工具，让父母可以通过清晰的路径来达成改善和提升亲子关系的目标。

看见：看见孩子的真实自我

泰戈尔在《世界上最遥远的距离》这首诗中写道：

世界上最远的距离，
不是生与死的距离，
而是我就站在你面前，
你却不知道我爱你。

这就是很多家庭的现状，孩子不知道父母是爱他的，反而觉得自己是被父母嫌弃的，不被爱的。

其中一个原因是很多时候父母眼中孩子的样子，可能不是孩子本来的样子，只是父母大脑里面期待的或者想象的样子。

这个时候，孩子就像一个被困在虚拟泡泡中的小人儿，在泡泡没有被戳破之前，父母觉得孩子完全符合自己的期待。一旦某一天，泡泡被戳破，父母发现自己的期待落空，便无法接受眼前的孩子，就会很容易愤怒，导致亲子关系受损。

比如，有些父母在孩子上小学之前，误认为自己的孩子很爱学习，自己给孩子安排的任何兴趣班和学习任务，孩子都能很好地完成。但其实孩子内心并不愿意这样做，只是迫于父母的权威而不得已接受，然而父母却看不到孩子内心的想法。

上小学后，孩子的学习压力变大，玩的时间越来越少，孩子也开始有力量反抗了，父母才发现，孩子怎么突然就不听话了呢？父母一时无法接受，便拿出自己的权威向孩子施压，最后可能会导致孩子出现厌学情绪。其实不是孩子突然不听话了，而是问题早就出现了，只是父母一直未能察觉。

接下来，我将分享三个"看见"孩子的深度陪伴工具和方法，帮助父母看见孩子真正的样子，修复和加固亲子关系。

不打扰孩子，才能看到他本来的样子

作为父母，我们总是习惯性地按照我们对这个世界的理解去打扰孩子做某件事情。

如果孩子行动稍慢一点，父母就会习惯性地脱口而出"赶紧啊""怎么那么磨蹭啊"。因为在大人的世界里，时间最宝贵，慢就是不可容忍的一种行为。

如果孩子做作业时走神了，父母就会马上提醒"别走神""你看你写了这么久才写这么一点点"。因为在大人看来，专注力很重要，分心也是不可容忍的一种行为。

当父母不断去打扰孩子的自发性游戏和行为时，就是在剥夺孩子形成正常的判断力和自我管理能力的机会。然后，在喜欢打扰孩子的大人眼里，孩子就会变成一个完全没有能力形成正确判断力的孩子，一个无论大人说多少遍都不听的执拗的孩子，或者一个没有能力去保护自己安全的冲动的孩子。此时，大人还会给孩子贴一个标签，这个孩子真是不让人省心呀。

但是你知道吗？有些孩子动作慢是因为他们对细节要求比较高，有些孩子容易走神是因为他们的大脑思维特别活跃，脑袋瓜里时刻都有天马行空的想法浮现。

如果父母不断提醒孩子"要快一点""不要走神"，那么最好的结果也仅仅是把孩子变成一个动作快或者不再东想西想的孩子而已，而孩子本来的样子，父母却没有机会去看见，更不可能去帮助孩子把这部分潜能发挥出来。

所以，想要看见孩子的真实自我，第一个深度陪伴工具就是"不打扰"。

我们怎样才能真正做到不打扰呢？

第一，父母不要着急采取行动，先停下来观察孩子的行为。

我家二宝雄雄一岁多时，有一天早上，急匆匆地从哥哥房间走到餐厅和客厅衔接的两级楼梯面前，爸爸赶忙从房间跑出来，在2米之外着急地提醒雄雄："哎！雄雄！"

雄雄愣了一下，回头看了一眼急匆匆跑过来的爸爸，做了一个跟爸爸的期望完全相反的动作，直接要往楼梯那里踏出脚去，吓得爸爸赶紧一把抓住雄雄，把他往回拉。否则一脚下去，就直接摔到客厅的地面上了，后果不堪设想。

爸爸长舒了一口气，回头就跟我说，以后雄雄下这里的楼梯，我们都要陪着，不然他就直接这样一脚踏下去，太危险了。

看起来是爸爸及时出手避免了雄雄摔下楼梯，但真相是，正因为爸爸的干预，雄雄才会做出那样危险的动作。

其实雄雄 10 个月的时候，就已经知道下楼梯时，要掉过头来，双手趴在地上，倒退着下楼梯。他已经熟练地运用这个技能 6 个月了，从未失误过。

我一直在观察雄雄。

我发现，每当他自己一个人下楼梯时，他都会蹲下来，趴在地上，主动掉过头来，用标准的安全姿势趴着下楼梯。

但是，只要他发现有一个人特别关注和担心他下楼梯，他就会马上毫无顾忌地像大人一样直接往前踏出去，让大人吓得半死。

正因为我在没有打扰雄雄的情况下观察过他的行为，我才非常确定，一岁多的雄雄本来就具备安全下楼梯的能力，而爸爸因为没有做过这样的观察，所以他非常担心雄雄真的会一脚踏下台阶摔伤。

第二，孩子专注做事时，父母不要主动用目光或者语言去关注孩子，这种关注也是一种打扰。

还以上面的案例为例，如果有人关注雄雄或者担心他下楼梯，他就会毫无顾忌地像大人一样直接往前踏出去，丝毫不顾及自己的安全，因为他知道，大人一定会保证他的安全。

只有在他感觉不到有人在关注他时，他本来的安全意识才会真正呈现，才会自己很小心地掉头倒退着爬下台阶。这个时候才是孩子真实的状态，呈现的才是孩子真实的能力。

如果在户外，父母着急赶路，孩子却在原地磨蹭，父母也不要着急打扰孩子，催促孩子"哎，快点走啊，在那磨蹭什么呢"。可以蹲下来，顺着孩子的视野去观察，孩子正在做什么。也许他们正在观察树上的蚂蚁，这正是锻炼孩子自然观察能力的好机会，也是给孩子思考问题、增加素材的好机会。如果父母总是催促孩子快点走，或者总是不请自来地当解说员，那么孩子将失去自己观察和思考的机会。可以想象一下牛顿坐在苹果树下思考的场景，如果有人对牛顿说"快点走了，发什么呆呀"，或者对牛顿说"你看，这苹果树今年结的苹果好大好圆啊"，那么牛顿可能不会有机会被苹果砸中，或者注意力不会落在"苹果为什么会往下掉"这个问题上。

当然，如果涉及安全问题，大人只需要悄悄地保护孩子的安全就可以了。

第三，多一些耐心等待孩子按照他自己的构想去完成一件事情。

孩子正在做的事情，和大人想要让孩子做的事情，可能会不一样。比如早上出门时，大人着急去上班，想要争分夺秒，而孩子可能抓着玩具不放，他们才不关心迟到与否呢。

就算是孩子和大人想做的事是一样的，孩子的能力水平和大人期待孩子具备的能力水平，也可能会不一样。

在这种状态下，大人也会忍不住打扰孩子，比如催促孩子"快点儿啊，怎么半天了书包还没收拾好啊"。如果是这样，那么父母也无法看见孩子真实的样子和真实的能力水平。如果父母多预留一些时间，多一些耐心去等待孩子按照自己的构想完成一件事情，有时候我们反而会收获一种惊喜。就像乐爸完全没有想到，雄雄居然自己会倒退着非常安全地下楼梯。

如果父母能够做到这三点，不打扰孩子，充分尊重孩子的自发性行为和游戏，孩子的判断力和自我管理能力就会被最大限度地激发，然后我们才能看到孩子真正的潜能。

深度陪伴工具

不打扰

当父母不断去打扰孩子的自发性行为时，就是在剥夺孩子形成正常的判断力和自我管理能力的机会。

1. 父母不要着急采取行动，先停下来观察孩子的行为。
2. 孩子专注做事时，父母不要主动用目光或者语言去关注孩子。
3. 多一些耐心等待孩子按照他自己的构想去完成一件事情。

不急于评判，了解事实的真相

作为父母，我们还容易习惯性地按照我们的经验和认知去评判孩子的行为。

看到孩子见到外人不打招呼，就觉得孩子"怕生""不大方"。

看到孩子做作业速度慢，就认为孩子"磨蹭""学习态度不好"。

看到孩子死活不愿意上台，就认为孩子"内向""胆小""不自信"。

其实事实的真相未必如此。孩子不打招呼，可能是他有自己的节奏，在陌生人面前需要更多的时间熟悉；孩子做作业速度慢，可能是孩子遇到了困难，或者孩子写字一丝不苟；孩子不愿意上台，可能是他非常重视这次展示的机会，而内心觉得自己还没有准备好。

所以，想要看见孩子，了解事实的真相，第二个深度陪伴工具就是"不评判"。

怎样才能做到对孩子的行为"不评判"呢？

第一，觉察自己对孩子的评判。

人处于负面情绪中时，很容易被自己看到的情景蒙蔽双眼，误认为看到的就是真相。记得有一次乐乐做作业，做着做着就开始大发脾气，我去关心他，他还冲着我大喊大叫。乐乐的情绪马上也激起了我的情绪，我的下意识反应是评判，我觉得他太不可理喻了，不讲道理，还情绪化。当我对乐乐产生这样的评判时，我的第一反应是去"教育"他，让他意识到自己这样做非常不对，然后去"纠正"他，告诉他怎样做才是正确的行为。

后来我才了解到事实的真相：乐乐遇到了难题，怎么做都做不出来，他又很希望通过自己的努力去解决，于是产生了挫败的情绪，自己对自己不满意。而当他正尝试去解决自己的情绪和遇到的难题时，被我的关心打扰了，所以就情绪失控了。

这时候我才发现，我眼睛看到的情景和事实相差有多远。

所以，觉察自己对孩子的评判是放下评判的第一步。你可以拿一张纸和一支笔，把你对孩子的负面评判全部写下来，看看你的大脑里累积了多少对孩子的评判，这些评判会在你和孩子相处的过程中，潜移默化地传递给孩子。

第二，主动询问孩子行为背后的原因。

父母对孩子的评判都是基于孩子做的一件又一件的事情没有达成父母的期待，甚至跟父母对孩子的一贯印象相背离。可是你要知道，孩子的行为一定有他的理由，主动询问孩子行为背后的原因，有助于我们放下对孩子的评判。

有一次我过生日，家附近没有我喜欢的生日蛋糕，就买了一个普通的核桃布朗尼蛋糕，又买了一些草莓和蓝莓，打算简单装饰一下。

吃完午饭，正准备吃生日蛋糕。1岁的雄雄离开我的身边，走向厨房门，手刚放到带有铰链的那一侧门框上，乐乐就喊"不准进来"，然后就开始关门。我还没来得及反应过来，就听到雄雄哇的一声大哭起来。

我赶紧把雄雄抱起来，仔细查看，原来是他的大拇指被门夹住了，被夹的印痕很明显，拇指也有点红肿。雄雄哭得撕心裂肺。

（我很生气，对乐乐说话语气也不太好，对乐乐的行为有很多的评判。）

"之前是你说想要一个妹妹或者弟弟，妈妈才生的弟弟，可是现在你一点儿都没有照顾好他。"

我心疼和愤怒的情绪完全被雄雄的哭声触发了。

我想起了我的弟弟小时候有一次差点被铁门把小脚趾夹断的可怕场景，我的恐惧被放大了。

乐乐有些愧疚地站在旁边看我照顾雄雄，过了好一会儿才凑过来，对雄雄说："对不起，弟弟。"

我的气还没消，因为雄雄还在大哭。

过了不到15分钟，雄雄终于慢慢停止了哭泣。我让乐爸用雄雄最喜欢玩的羽毛球拍吸引他的注意，雄雄向爸爸主动伸出双手，开心地玩去了。

这个时候我才开始有精力来关注乐乐。

我问乐乐："你当时为什么要把门关上呢？"

乐乐指了指厨房台面上的生日蛋糕，说："因为我在准备装饰生日蛋糕呀，我不想弟弟过来破坏。"

我这才注意到，乐乐刚才正在用草莓和蓝莓装点我买的核桃布朗尼蛋糕，而且装点得很漂亮。

这个时候的我，才明白乐乐那一刻有多么无辜。他只是着急阻止弟弟进入厨房，完全没有想到他关门的动作会把弟弟的手夹住，毕竟弟弟的手是放在装有铰链的门的那一侧，不是我们经常进出门的那一侧，而这边也会夹住弟弟手的常识他还不具备。

当我给他演示了弟弟的手是如何被夹住之后，他就明白了，以后他再做类似动作的时候，自然而然就会把这个因素考虑进去。

当时那个场景下的我，看不见乐乐这个行为背后的动机，也看不见乐乐不具备这个常识，更看不见他把弟弟的手夹到以后，他的内疚和慌张，我只会去评判他，"妈妈给你讲过你为什么还会犯这样的错"。

因为这些都被我的愤怒掩盖了。

我走近乐乐，对他说："谢谢你给妈妈装点的蛋糕，妈妈可以抱一下你吗？"

乐乐点点头。

我抱着乐乐，对他说："你也没有想到关门会夹到弟弟的手是吗？"

乐乐：我也没有想到。

我：因为你没有想到另一侧也会夹到弟弟的手。

乐乐：是的。

我：妈妈要跟你道歉，妈妈因为太担心弟弟的手，刚才对你说话很凶。

乐乐：没关系，妈妈。

还好，我主动询问了乐乐行为背后的原因，放下了对乐乐的评判，我们又和好了。

第三，多想想孩子行为背后的优点。

比如，乐乐把雄雄的手夹到这件事的背后，展现的其实是乐乐对我的爱。当我看到了这一层，我的气立马就烟消云散了。

所以，你也可以想想你列出的过去对孩子的评判，背后的优点是什么呢？比如，喜欢顶嘴的孩子，可能逻辑思维能力比较强，也许可以成为一个非常优秀的辩论高手。那么你还会觉得喜欢顶嘴这个行为完全不好了吗？

当父母陷入对孩子的评判中时，看到的永远是自己脑海里面相信的，而不是真相。

比如，父母认为孩子就是喜欢撒谎，那么即便孩子没有撒谎，父母也不太敢相信孩子的话了，因为担心自己又被"滑头"的孩子给骗到了。

比如，如果父母认为孩子就是调皮捣蛋，那么即便孩子有安静的时候，有听话的时候，父母也看不到，因为所有的注意力都在孩子调皮捣蛋的行为上。

只有我们放下对孩子的评判，清空我们头脑里面对孩子的一些固有看法和印象，我们才有可能看到一个全新的、不一样的孩子。

最后，我也想告诉大家，即便你发现自己列出的清单里面，对孩子有很多评判，也是正常的。我们都不是完美妈妈，就像你们看到的，我也一样，也不是完美妈妈，我也有对孩子生气、误解孩子的时候，但这不是我们停止成长的借口。

看见自己真实的样子，是为了明天能做得更好。

所以，不用因为害怕看见自己不堪的样子而不去面对，那样你就错过了跟孩子一起成长的机会。

> **深度陪伴工具**
>
> **不评判**
>
> 放下对孩子的评判,才能了解事实的真相,才能看见孩子真正的样子。
>
> 1. 觉察自己对孩子的评判。
> 2. 主动询问孩子行为背后的原因。
> 3. 多想想孩子行为背后的优点。

孩子无理取闹的背后是未被看见的需求

　　成年人对孩子很容易有一种误解,比如当孩子呈现出各种调皮捣蛋、无理取闹的行为时,成年人就会认为是孩子的问题。因为成年人觉得,如果孩子有什么需求,或者需要父母帮助,可以用语言来表达,而不是用哭闹和捣蛋的方式。如果想要什么却没有直接告诉父母,那就是孩子的问题。

　　比如,一个4岁的孩子在傍晚哭闹不已,很可能是因为在外面玩了一天没有睡觉,太困了,这个时候父母只需要抱住孩子,拍一拍、哄一哄,孩子很快就能得到安抚,随即进入梦乡。但是,往往孩子得到的却是父母的训斥:"妈妈陪你玩了一天了,你还闹,还不满足吗?"当父母费了半天劲终于弄明白原来孩子是困了闹觉时,又会埋怨孩子为什么不表达自己的需求。

诺贝尔文学奖得主、捷克诗人雅罗斯拉夫·赛弗尔特曾经在《世界美如斯》这本书里讲过：

自古就有一种迷信，
认为童年不仅是天真的，
而且像是戴着快乐之花编成的花环，
只有幸福和无忧无虑。
但事实并非如此。
童年其实充满了矛盾和疑虑，
充满了不愉快的遭遇、变故和悲伤。
他们没有说出来是因为，
他们还找不着适当的语言去表达。

是的，这才是孩子的真实世界。

孩子无法说出自己的感受和需求，不是因为他们不想，而是因为他们找不到适当的语言去表达。

所以，如果父母想要看见孩子，了解孩子的真实感受和需求，第三个深度陪伴工具就是"说出孩子的感受和需求"。

父母怎么做才能帮助孩子说出感受和需求呢？

第一，优先关注孩子的情绪而不是行为。

通常情况下，父母首先注意到的都是孩子无理取闹的行为，而不是伴随着这个行为的感受。这需要我们不断去觉察和调整。

有一天，一清早我就听到乐乐在客厅喊"上学要迟到了"，很着急的样子，奶奶安慰他："不会迟到，还早。"可是奶奶越是这样说，乐乐越是着急，越着急，就越生气。乐乐走了之后，不到2分钟，就听到门铃声响起，我猜他可能是忘了什么。等乐乐气喘吁吁爬楼上来时（可能是懒得等电梯了），我看到他一脸怒气，气得都要哭出来了："哼，今天要穿运动服！都怪你们！"

我有点纳闷儿地问："今天为什么要穿运动服呀？"

乐乐说："我在路上看到其他学生都是穿的运动服，没有人穿礼服，今天不是星期一。"

我才想起来，今天不是星期一，因为刚过完节有调休。早上乐乐问我今天穿礼服还是运动服时，我还特别肯定地回答"穿礼服"。原来是我自己记错了，我记成了今天是星期一。

乐乐特别生气地说："都怪你们，我要迟到了！"

这个时候奶奶又开始安慰他："不会迟到，不会迟到！来得及。"

乐乐听到奶奶的安慰，更加生气了，带着哭腔一边跺脚一边发脾气："哼！哼！"

我转过头去跟乐乐奶奶说："妈，你不要说'不会迟到'这句话了，站在乐乐的角度，他就是觉得要迟到了，你越这样否定他的感受，他越生气。"

然后我过去赶紧帮乐乐把运动服找出来。

在这个过程中，我对乐乐说："你不想自己迟到，所以奶奶越是说'不会迟到'，你越着急是吗？"

乐乐情绪平复了一些，回答："是。"

我接着安抚乐乐："你很认真地对待上学这件事情，妈妈知道你是一个很有责任心的孩子，如果我是你，我也会很着急的。"

乐乐这个时候已经不发脾气了，开始专注地换好衣服。我赶紧帮他把红领巾系上。

等他换好衣服，我抬头看了一下墙上的时钟，还有12分钟。

我说："你看，现在我们专注解决完问题，还有12分钟。"

乐乐听完，没有再继续生气，赶紧上学去了。

第二，不断丰富自己的情绪词汇库。

很多父母自己都无法用语言去精准表达自己的感受，这是因为他们的情绪词汇库太匮乏，所以父母要不断丰富自己的情绪词汇库，这样才能够准确地说出孩子的感受。

比如，孩子常见的情绪会有"开心""生气""伤心""害怕""愤怒""失望""担心""无奈""烦躁""着急""紧张""惊讶"等，可以把这些情绪词汇打印下来放在醒目的位置，提醒自己。

第三，用"我知道你……（感受）"的句式说出孩子的感受和需求。

"我知道你很生气"。

"我知道你很害怕妈妈评判你"。

"我知道你想要那个玩具，妈妈没有给你买你很失望"。

学会用这个简单的句式，就可以很轻松地说出孩子的感受和需求。

如果孩子的感受和需求一直不被看见，本来是一件很小的事情，也可能会不断升级，最后导致孩子的表现在父母眼中就会变成无理取闹。但是如果父母能够识别出孩子行为背后的感受和需求，并且准确地说出孩子的感受和需求，对于孩子来说，就像一扇门突然打开，一束光从外面照进来，他的负面情绪和需求被"看见"这束光照见了。此时，孩子的负面情绪很快就会得到释放，自然也就很快能恢复本来的可爱样子了。

所以当孩子还找不到适当的语言去表达他们的情绪和感受时，父母一定要成为那个能够帮助孩子说出自己感受和需求的人。

深度陪伴工具

说出孩子的感受和需求

说出孩子的感受和需求，无理取闹的孩子很快就能恢复原本可爱的样子。

1. 优先关注孩子的情绪而不是行为。
2. 不断丰富自己的情绪词汇库。
3. 用"我知道你……（感受）"的句式说出孩子的感受和需求。

你想要的孩子就在你面前，你却看不见

乐乐上幼儿园的时候，有一次幼儿园老师特别委婉地对我说："乐乐妈妈，我在你的朋友圈看到的乐乐，好像跟我在幼儿园看到的乐乐不是同一个人。"

我很好奇，老师这样说一定事出有因。

跟老师沟通后，我才知道，是因为有一次我带着乐乐一起去参加一个演讲俱乐部的活动，乐乐当着几十位陌生的叔叔阿姨的面，自告奋勇要上台演讲。这是乐乐第一次站在台上当着那么多陌生人的面去做即兴演讲，我觉得特别有意义，就把这个经历记录了下来，分享到了朋友圈。

老师看到之后，觉得不可思议。老师告诉我，乐乐在幼儿园不敢举手回答问题，即便是老师点名让他回答问题，他也是非常紧张，半天不说话。如果老师再问，乐乐就会急得哭出来。所以在老师眼里，乐乐是一个内向、胆小、害羞、爱哭的孩子。

当时我也很困惑，为什么乐乐跟我在一起时，和在学校时的表现差异这么大呢？

后来通过不断跟老师沟通，再结合我的观察，我才发现问题的根源。

乐乐是一个特别敏感的孩子，他会非常敏锐地捕捉到环境里面的气氛。当气氛是包容的、不着急的、接纳的，他就会非常积极活跃。可是一旦他感觉到气氛是紧张的、着急的、带着评判的，他就会变得非常紧张，会退缩。

而且乐乐是一个思考型的孩子,别人抛出一个问题后,他会比较深入和完整地思考,因此需要思考一下才能回答,通常这个时间需要 30 秒以上。而在学校环境中,课堂时间有限,老师通常会等孩子思考 5～10 秒,如果孩子没有开口,就会再问一次,或者认为孩子不会,请另一个孩子来回答。当乐乐思考的节奏被打乱时,就会开始紧张着急,慢慢地就本能地对在课堂上回答问题产生了抗拒。

但是跟我在一起时,我没有时间的要求,会给他足够的时间去思考,所以我从来不觉得他不喜欢回答问题,也没有想过,在老师眼中,这会成为一个问题。

在生活中,我们确实很少会看到一个孩子需要那么长时间去思考,但这并不代表这样的孩子就很少,而是这样的孩子都变成了"小透明"。所以无论是父母还是老师,都会把这样的现象归因为孩子胆小内向,不敢回答问题,从而让很多喜欢深度思考的孩子没有机会去展现自己的天赋和能力。

后来,我无意中看到美国特斯拉创始人埃隆·马斯克接受采访时的视频,他在面对主持人的问题时,通常会先沉默,思考 30～60 秒之后,再回答主持人的问题。以至于好几次,主持人都忍不住打断他的节奏,问他是不是不知道如何回答,他微笑着说:"不是的,我只是需要思考一下,才能给到你更完整的回答。"

那一刻,我找到了安慰和共鸣,也让我特别感慨。父母都喜欢培养一个喜欢深度思考的孩子,可是当这样一个孩子出现在我们面前时,我们却看不见,反而认为孩子不积极主动、胆小害羞。这种矛盾点,作为父母,我们无法通过改变环境去解决，但是我们一定可以通过深度陪伴去让自己的孩子被看见。

很多父母总觉得自己的孩子满身缺点，习惯性地觉得别人家的孩子好。其实有很大的一种可能是，你想要的孩子就在你面前，而你却看不见。如果父母能够放下对孩子先入为主的评判，也许更容易看见孩子真正的样子。

每一个生命都需要被看见，我们的孩子尤其是，因为他们可以在别人的看见中照见自己。

想要帮助孩子成为更好的自己，就要通过看见孩子本来的样子，让他们慢慢去发现自己是谁。就像米开朗琪罗对自己的作品《大卫》所做的那样，帮助孩子释放他们的自我。

接纳：接纳孩子本来的样子

很多父母无法接纳孩子的缺点，也无法接受孩子总是不按照自己"好心"的建议去做，更无法接受孩子表现不好，成绩不优秀，比别的孩子差。

这会让孩子产生一种"父母不爱我"的感觉，甚至产生"我到底是不是他们亲生的孩子"的困惑，导致孩子和父母的关系从亲近逐渐走向疏远。

有的父母会误以为，告诉孩子他表现得很差劲，才可以让孩子产生想要表现更好的动力，但其实这反而会让孩子表现得越来越差。因为孩子的感受是，自己即便努力了，父母也看不到，所以无论怎么努力都没有用。而很多父母不知道的是，虽然孩子看起来表现得没那么好，但其实孩子已经努力了。

所以，只有接纳孩子本来的样子，孩子才可能变得越来越好。无论现在孩子在你的眼里满是缺点，还是总是做不好一件事，或者总是比别的孩子表现得差，他们都值得被接纳。

下面分享三个"接纳"孩子的深度陪伴工具和方法，帮助父母通过"接纳"孩子的方式去修复和加固亲子关系。

界限清晰，认清孩子的需求

"有一种冷叫作爹妈觉得你冷""有一种饿叫作大人觉得孩子饿"，这种调侃的背后，本质上反映了很多父母和孩子之间界限不清晰的问题。

如果孩子持续在这样的养育环境中长大，会发生什么呢？

首先，孩子会欠缺表达自己需求的能力。因为孩子在生活中根本没有机会去表达自己的需求，所有需求在还没有张口之前，就已经得到了满足。

其次，孩子会觉得这个世界是以自己的意志为中心的，甚至都不需要动用自己的意志，这个世界就会自动帮助自己把接下来可能会遇到的问题全部规避掉、解决掉。

所以，这样的孩子一旦在生活中遇到困难，或者需求没有被满足，就会变得躁狂。因为他不知道如何去面对这样的情况，以前也从未遇到过。在他的世界里，根本不应该出现这样的情况。

这样的孩子还会觉得所有的问题都是他人和外部世界的问题。因为小时候遇到问题时，都有人帮他解决，为什么长大后就要他自己去解决问题？

隔代养育中界限不清晰的问题更加明显。因为隔代亲，所以尤其关怀备至。往往孩子还没来得及发现问题，老人已经把解决方案双手递过来了。

无论是父母还是老人，对待孩子界限不清晰的本质是，大人把自己的需求和感受，跟孩子的需求和感受混为一谈了，大人没有接纳孩子是一个独立的个体。孩子有自己的感受和需求，跟大人的感受和需求不一样。

如果父母想要真正做到接纳孩子，第一个深度陪伴工具就是"**界限清**

晰"。只有父母和孩子之间在感受和需求上划清界限，孩子才有可能成为他自己，而不是父母感受和需求的"复制品"。

如何才能做到"界限清晰"呢？

第一，不要着急去否定孩子或者要求孩子。

很多时候，父母会下意识地去否定孩子的感受，以及孩子的想法和做法，甚至要求孩子按照我们认为正确的方式去做。

有一天吃早餐，乐乐在吃鸡蛋饼，爷爷在厨房煎饼。

奶奶：这个凉了，你赶紧让爷爷帮你把这个饼热一下。

乐乐：（顿时不高兴了）奶奶，我服了你了，这个一点儿都不凉。

奶奶：放了很久了，早就凉了，热一下又不麻烦。

乐乐：我刚吃了，是热的，不凉。

我：（对奶奶说）妈，你给乐乐一些空间让他自己去发现问题。就算是凉的，等他自己发现了，主动想解决方案，比在他还没有发现问题之前告诉他，对他的成长更有帮助。

我：（对乐乐说）乐乐，妈妈刚才对奶奶说的话是不是你心里希望说的？

乐乐：是。

我：好，那妈妈完全理解你，我们好好跟奶奶说，奶奶也会理解你的，你对奶奶说话时注意一下语气，平和一点。

乐乐：好。

当奶奶否定乐乐的感受时，乐乐是非常不高兴的，也不愿意按照奶奶的建议去做，但是当我尊重乐乐的感受时，他就能够平静下来，倾听我的建议。要给孩子试错的机会，不要渴求孩子做任何事情都第一次就能决策正确。

第二，想一下这是孩子的需求还是自己的需求。

当我们不着急做出反应或者行动时，我们才有思考的时间。

停下来想一下，这是自己的需求还是孩子的需求呢？

乐乐真的觉得鸡蛋饼凉了吗？

如果乐乐真的觉得凉了，他自己就会闹着不想吃了，或者就算吃了，感受也不会太好。当然如果担心孩子不会表达，可以友善地提醒："如果你觉得鸡蛋饼凉了，可以找爷爷热一下；如果你觉得不凉，那就直接吃。"

这样就是界限清晰的父母。

为什么我反复强调，育儿无大事，因为育儿中的所有事都能还原到生活中每一个小小的场景中。同时，我也反复强调，育儿无小事。因为如果其中一个小场景你没有处理好，没关系，对孩子没有什么大的影响，但是，如果这样的小事日复一日地发生，对孩子的影响就会像滚雪球一样越来越大，越来越大。

所以，在我们陪伴孩子的每一天，既不要因为一点小事没处理好就苛责自己，也不要因为这件事情虽然处理欠妥但对孩子当下没影响，就抱有侥幸心理。

深度陪伴，就是把每一个育儿的小场景，都当作一面镜子，不断去照见自己，觉察自己的养育行为，在不断觉察中稳步提升。

> **深度陪伴工具**
>
> **界限清晰**
>
> 能够分清哪些是孩子的感受和需求,哪些是自己的感受和需求,是为人父母最基本的素养。
>
> 1. 不要着急去否定孩子或者要求孩子。
> 2. 想一下这是孩子的需求还是自己的需求。

你眼中孩子的缺点,都源自你自己的预言

大多数父母都特别容易看到孩子的缺点,不容易看到孩子的优点,所以虽然心里很爱孩子,恨不得把心掏出来给孩子看,但是在陪伴孩子的过程中,会不自觉地散发出一种"我觉得你很差劲"的负面能量。

当孩子感受到这种"妈妈觉得我很差劲"的负面能量时,就会陷入严重的"不被爱"的情绪内耗中,没有办法集中精力做好事情,会用各种方式向父母索取爱。

在这样的环境中长大的孩子,是感受不到父母的接纳的。只有当孩子跟父母相处时,无论孩子的行为如何,无论孩子身上看似有多少缺点,孩子都能够感受到父母的理解、包容和爱,父母才真正做到了接纳。

所以，想要做到真正接纳孩子，第二个深度陪伴工具就是"接纳缺点"。

怎样才能接纳孩子的缺点呢？

第一，告诉自己，看到的孩子的缺点，未必是真相。

真相很可能是孩子的优点远远多于孩子的缺点，还有可能是自己把孩子的缺点放大了。这两个理由可以帮助你更快地接纳孩子的缺点。

为什么明明孩子有很多优点，但是作为父母，却更容易看到孩子的缺点呢？

这就跟我们每个人与生俱来的自恋有关。国内知名的心理学家武志红曾说过，在心理学上，一个人自恋的常见表现分为两层：

第一层自恋：我是对的。所以，我说了事情是怎样的，就会把事情朝那个方向去推动，用这个去证明，我说的是对的。

第二层自恋：我比你强。在关系中，有一种自恋叫作我高过你。因此，我地位高、你地位低的格局才会让我自在舒服。

当我们处在自恋的模式里，就很容易觉得自己是对的，孩子是错的，我们会把问题归因于孩子的某个缺点。当我们这样做时，其实就是对孩子发出了一个预言，"你就是拖拉磨蹭的""你就是做事不专心的""你就是脾气暴躁的""你就是喜欢撒谎的"。

一旦我们发出了这些预言，为了维护"我是对的"这份自恋，我们的注意力就会集中在那些符合我们预言的信息上，而那些不符合我们预言的信息，就会被忽略。这样一来，我们看到的世界，看到的孩子的形象，就符合了自己的预言。

这个在心理学上被称为"**自我实现的预言**"。也就是说，我们看到的世界，其实都基于自己的预言。因为先有了这个预言，所以这个世界就围绕着我们的预言展开，最后真的变成了自己预言的那个样子。

父母眼中"孩子的缺点很多"未必是真相。父母要学会区分，自己眼中孩子的缺点是真相，还是被"自我实现的预言"放大的假象。

第二，告诉自己，每个人都有缺点，有缺点是正常的。

很多父母无法接受自己孩子某方面的缺点，其实很可能他们也无法接受自己身上有这样的缺点。

所以，作为父母，我们要告诉自己，每个人都有缺点，有缺点很正常，这样我们才能接纳自己不是一个完美的人，才能接纳自己身上那些所谓的缺点。当我们做到了这一点，再去接纳孩子身上的缺点会相对容易很多。

第三，告诉自己，缺点的背后可能恰恰是孩子的优点。

我在大量的家庭咨询案例中发现一个有趣的现象，几乎绝大部分的孩子在妈妈眼中的缺点，都是孩子的某个优点引起的。

比如，妈妈认为孩子没有自我管理能力，做事情没有计划性，做作业拖拉磨蹭，可能真相反而是这个孩子自我管理能力太强，希望按照自己的方式去安排学习和作业时间，但是妈妈的自我管理能力也很强，不自觉地会用自己的方式去要求孩子，所以孩子无法按照自己的意愿管理自我，内心有抵触感，才出现了看起来自我管理能力很差的各种表现。

再比如，一个孩子反应比较慢，半天回答不上来老师的问题，这看似是孩子的缺点，但真相也许是孩子的思考比较深入，具备深度思考的能力，所以比其他孩子需要更多时间。这样一来，缺点就变成了优点。

有一次，一位妈妈跟我说她的孩子专注力缺失，上课说小话，不认真听讲，被同学投诉。而真相是这个孩子本身是一个高能量的孩子，大运动能力特别强，当孩子的能量太高没有被充分释放时，就会出现妈妈眼中的专注力缺失的情况。其实是孩子的运动天赋没有被看见。

当我们真正不再因为孩子的缺点而焦虑烦恼时，会更容易看到事情的真相，看到孩子的优点。

记住，**真正阻碍孩子变优秀的，不是他们身上的缺点，而是我们无法接纳这些缺点。**孩子的优点和缺点就像光和影，有光的地方就有阴影，有影子的地方也必然有光。

深度陪伴工具

接纳缺点

学会区分你眼中孩子的缺点是真相，还是被"自我实现的预言"放大的假象。

1. 告诉自己，看到的孩子的缺点，未必是真相。
2. 告诉自己，每个人都有缺点，有缺点是正常的。
3. 告诉自己，缺点的背后可能恰恰是孩子的优点。

抗拒的背后是感受没有得到认同

当孩子抗拒做某件事时，很多父母都会试图说服孩子。

比如，孩子不想做作业，父母就告诉孩子做作业的重要性，不做作业的后果，作业和孩子的未来之间的关系等各种大道理。

如果孩子上课静不下来，父母就告诉孩子为什么上课不能动来动去。会讲动来动去会影响班级纪律，会导致学习效率低下等道理。

你会发现，这些大道理有时候管用，但大多时候不管用，孩子还会觉得你特别唠叨。时间久了，会捂住耳朵不想听，大了以后干脆躲进屋里把房门关上，屏蔽掉他不想听的大道理。

这是因为，道理是你的，不是孩子的，孩子在不想做的那个当下，更在意"感受"。忽略孩子的感受，试图用道理去说服孩子，本身就是不接纳孩子的表现，没有得到父母接纳的孩子，做出抗拒的行为，再正常不过了。

所以，想要做到真正接纳孩子，第三个深度陪伴工具就是"认同感受"。如果孩子的感受没有得到认同，迎来的反而是父母狂轰滥炸的"大道理"，那孩子当然是抗拒的。

怎样才能做到认同孩子的感受呢？

第一，具备基本的情绪常识。

如前文所讲，父母需要具备一些基本的情绪常识，能够对一些常见的基本情绪有一些了解。比如生气、愤怒、伤心、难过、害怕、委屈、失望、无奈、尴尬、开心、兴奋、自责、烦恼、内疚、苦恼等。只有父母对情绪有基本的认知，才能敏锐地察觉到孩子的情绪变化。

第二，识别孩子的感受。

当父母有了基本的情绪常识后，才有可能透过孩子的行为识别出孩子的感受是什么。很多父母在孩子没有完成作业很内疚时去指责孩子："你怎么没有完成作业"，其实就是因为父母无法识别孩子的感受。此时孩子的感受是"内疚"，父母却认为孩子的感受是"厌烦"，导致彼此心灵距离变远。

第三，表达对孩子感受的认同。

二宝雄雄一岁半时，疫苗有好几针延迟了没打，所以连续一个月，每周都要去社康中心打一次疫苗。

在社康中心里，很多同龄的小朋友还没开始打疫苗就已经哭得撕心裂肺了，要好几个大人按着才能勉强打完，但是雄雄从来不抗拒，也不害怕。我们排队时，他能看到前面小朋友发生了什么，因为什么哭，我们也不会刻意让他回避针头，但是他打针时非常配合。针头进入到皮肤的那一瞬间会疼，他会"哼"几下，随着针头从皮肤里拔出来，抱抱他、亲亲他，雄雄很快就能恢复平静。

我做了什么呢？我只做了一件事情，那就是认同雄雄的感受。

我会提前跟雄雄说："待会儿打疫苗的时候会有一点疼，不过这种疼你是完全可以承受的，妈妈会一直抱着你，你很安全。"打完疫苗之后，我会对雄雄说:"有点疼是吗？是的，刚才妈妈跟你讲过，打疫苗会有一点疼，妈妈抱抱。"

在很多妈妈看来，小宝宝怕打针好像是正常的，其实并不是。即便是小宝宝，他们面对打针，也有足够的承受能力。大部分小宝宝面对打针会抗拒，会哭闹，不是他们无法承受打针的疼，而是他们的感受不能被理解和认同。

想想打疫苗的时候，父母一般会对孩子说什么呢？"宝贝儿，不要怕，一点儿都不疼。"

第一次打针，孩子相信了父母的话，无所畏惧地去了，结果发现很疼，于是大哭，父母安抚孩子："你是勇敢的宝宝啊，不要哭啦。"于是，从那以后，孩子看到要打针就赶紧逃，赶紧躲，使出全身的劲儿去抗拒打针。因为父母对"打针会疼"的感受的否定，以及对"打针让人感到害怕"的感受的否定，让孩子感到不安全，感到恐惧，所以他才会抗拒。

很多时候，无论大人如何劝说，孩子就是不愿意去做那件事情，不是因为大人讲得没有道理，而是因为大人关注的是自己的需求，而没有看到孩子在那个当下的感受是什么。

当孩子的感受能够被认同，他就不会那么抗拒去做一件事，甚至会更愿意迈出勇敢的一步去尝试之前不愿意尝试的事情。

这就是**"认同感受"**的力量。

陪伴孩子的过程中，看似孩子总是做出和我们的期待相反的行为，其实这些行为的背后，都是在呼唤爱。孩子只是需要我们理解和认同他们的感受。孩子内在的力量很大，只要感受到了认同，他们的内在力量甚至可以比我们成年人还大。

深度陪伴工具

认同感受

当孩子的感受能够被父母认同，他们就不会那么抗拒去做一件事，甚至会更愿意迈出勇敢的一步去尝试之前不愿意尝试的事情。

1. 具备基本的情绪常识。
2. 识别孩子的感受。
3. 表达对孩子感受的认同。

安抚：安抚孩子的心灵

很多孩子缺乏安全感，是因为在他们最需要被安抚的时候，父母不在身边。

乐乐出生时因为羊水污染，被医院下了病危通知书，一个人在医院的无菌病房待了一周多才出院。这期间不准探视，家人每天只能透过医院走廊上的大屏幕看到孩子在病房的情况，所以乐乐出院时嗓子都哭哑了。

都说月子里的孩子是最好带的，除了吃就是拉和睡。但是乐乐在月子里面很少睡觉，时刻都要我抱着，睡 20 分钟就要睁开眼睛看看妈妈在不在，然后又继续睡，如此反复。那个阶段我是最辛苦的，但是看到孩子这么没有安全感，我更多的是心疼，于是我就用西尔斯亲密育儿法里面提到的背巾，整天把他抱在怀里，时刻跟我在一起，像个小树袋熊一样。就这样过了 4 个月，他的安全感才慢慢好起来。

我知道，那是因为他来到这个世界的最初 7 天，在他最需要安抚的时候，我不在他身边。所以在乐乐 6 岁前，我花了很多精力去安抚高需求的乐乐，也让乐乐缺失的安全感一点点补了回来。

这就是"安抚"对于构建亲密牢固的亲子关系的重要性。下面分享四个安抚孩子心灵的深度陪伴工具和方法，帮助父母学会通过安抚孩子来修复和加固亲子关系。

成为孩子的情绪稳定器

《游戏力》的作者劳伦斯·科恩在他的书里提到过他在八年级时做过的一个实验：

在第一步实验中，他把刚出生几天的小鸡一只一只地轻轻捧起来，死死地盯着它们的眼睛，就像老鹰盯着猎物的样子。等他把它们放下时，小鸡吓得僵在地上不动了，开始装死。大约1分钟后，才蹦起来，开始四处走动。

在第二步实验中，他同时吓唬两只小鸡，结果它们一起装死，大约持续了5分钟左右。也就是说，它们一起装死的时间，比第一步实验中单独装死的时间要长得多。

接下来在第三步实验中，他在吓唬一只小鸡的同时，让另外一只在旁边闲逛，结果被吓的这只小鸡仅仅在地上躺了几秒钟就蹦了起来。

通过这个实验，科恩发现：受惊的小鸡会观察第二只小鸡在干什么，以此来判断环境是否安全。

如果第二只小鸡在欢快地四处溜达，那么第一只小鸡就像接收到了安全信号一样，觉得第二只小鸡没有害怕，而且也没有被吃掉，一定没危险，所以就站起来了。如果第二只小鸡也在装死，那么第一只小鸡可能就会想：虽然自己没看见老鹰，但是第二只小鸡肯定看见了，所以它不起来，那么我最好也老实地躺着别动。

假设我们的孩子是那只被吓唬的小鸡，那么距离孩子最近的"第二只小鸡"就是我们——孩子的父母。

因此，孩子在焦虑或者恐惧时，父母的状态会直接影响孩子的焦虑或者恐惧程度。

所以，父母想要安抚好孩子，第一个深度陪伴工具就是做孩子的"第二只小鸡"。

要想做好孩子的"第二只小鸡"，大人需要做到以下两点：

第一，不要遇到一点事就惊慌失措。

很多父母自己本身就容易惊慌。生活中任何一个意外，都能让他们大声尖叫，或者半天缓不过来，更别说腾出精力去安抚孩子了。

第二，深呼吸，让自己先镇定下来。

即便我们心理有点慌，有点害怕，有点不知所措，在孩子面前，也要故作镇定，因为孩子的情绪稳定性取决于我们的反应。深呼吸可以帮助我们更快地平静下来。

我记得乐乐上幼儿园的时候，有一次我带他去附近的一个公园，里面的一个小湖上有一座用很粗的麻绳做的吊桥。在吊桥上走时，需要双手扶着两边同样用粗麻绳做的护栏。护栏上全部都是很大的洞，走过去的时候，吊桥晃悠悠的，特别吓人。可是乐乐非要去走那座吊桥。

如果我说"妈妈很害怕，吊桥太吓人了"，那乐乐肯定就不会去走了。但这样虽然我省事了，却会给乐乐的内心设置一个很大的限制，"吊桥很危险，不能走"。其实吊桥还是安全的，只是走上去有些刺激、有些吓人而已。所以我强装镇定，在心里一边喊着，"好吓人啊"，一边又告诉自己，"淡定淡定，慢慢走，很安全，没事的，我是孩子的'第二只小鸡'"。

我让乐乐走在我的前面，乐乐刚走两步，感觉到吊桥晃悠悠的，就有些害怕，不敢走了。我深吸一口气，尽量做出一个很自然的微笑，对他说，"这个吊桥好好玩呀，就像荡秋千一样，只要你双手扶好护栏，往前大胆走就好，妈妈在后面保护你，很安全的。"

乐乐马上就放松了下来，很快就走到了对岸。有了一次成功的体验，他还要再走，我只好陪他一遍又一遍地走。走到最后我两腿发软，但是看到乐乐突破了内心的恐惧，很有成就感，我也特别开心。

父母是孩子的情绪稳定器，**不论孩子多么焦虑，多么害怕，甚至多么愤怒，只要父母能够当好孩子的"第二只小鸡"，孩子就能够放松下来，平静下来**。这个时候，他们才能够聚焦精力去创造，去发展自己的能力，去面对挑战。

深度陪伴工具

做孩子的"第二只小鸡"

父母当好孩子的"第二只小鸡"，就能够成为孩子的情绪稳定器。

1. 不要遇到一点事就惊慌失措。
2. 深呼吸，让自己先镇定下来。

多拥抱孩子,不要让孩子"皮肤饥饿"

父母总觉得,给孩子买最健康的食物、最舒适好看的衣服,送孩子上最好的学校,给孩子报最好的培训班,带孩子到处去旅行,就是对孩子好。但是你知道吗?就算这些你都满足了孩子,但是很少拥抱孩子或进行身体安抚,你的孩子也一样会生病,这种病叫作"皮肤饥饿症"。

皮肤饥饿是指所有的温血动物一生下来就有被触摸的需求。如果这种需求被剥夺,就会导致生长迟缓、智力低下以及安全感缺乏。这类孩子往往会自发地咬手指、啃玩具、哭闹不安,甚至头或身体会乱碰乱撞,这都是"皮肤饥饿"的表现。而避免"皮肤饥饿"的最好方式,就是每天给孩子大量的拥抱,越多越好,而且孩子越小,越需要更多的皮肤接触。

第二次世界大战刚结束时,法国有个孤儿院因为接收的弃婴太多,保育员的人手不够,只好采用"自动哺乳法"来喂养婴儿。自动哺乳就是把奶瓶放在机械的自动哺乳架上,给每个婴儿配一个自动哺乳架,婴儿饿了时,自动哺乳架会把奶瓶塞进他们的嘴里,不需要保育员喂奶。

过了一段时间发现,这些婴儿虽然都能吸到奶,不缺乏营养,但都好哭闹,容易生病,发育不良,死亡率很高。后来经过心理学家的指点,孤儿院增加了一些保育员,规定喂奶时都要把孩子抱到怀里,结果婴儿死亡率大大降低。

但是,很多父母会把孩子释放的需要拥抱信号——哭泣——当作一种烦恼或者"不好的习惯"，所以总是故意不去满足孩子，甚至指责孩子，让孩子自己哭个够，认为哭久了孩子就会自动放弃这种需求。

也许你也有过这样的误区，但是我相信，当你知道了"皮肤饥饿"的概念，你一定会特别心疼自己的孩子。

我记得二宝雄雄出生的时候，医生在产房给他做好各种处理和检查之后，第一时间就把雄雄放到我的胸前，让他马上跟我进行皮肤接触，这样刚出生的宝宝就会特别有安全感。

我们去观察 2 岁以下的小宝宝就会发现，任何时候孩子哭闹，除了饿了、困了、尿了、拉粑粑了之外，你把孩子抱起来，孩子就会用手摸摸你的耳朵，用手指尖儿一点点捏你手臂上的肉，其实这是孩子跟你皮肤接触的一种方式。如果你再亲亲孩子的小脸，或者用脸去贴着他的小脸或者额头，孩子很快就能安抚下来。

即便是上小学后的孩子，也依然需要拥抱。乐乐已经 11 岁了，虽然不需要像弟弟雄雄那样每天都要抱很多次，但是每当他心情不好的时候，有情绪的时候，我都会问他，你需要妈妈抱一抱吗？这个时候我的拥抱会给乐乐很大的安抚。

所以，想要做好对孩子的安抚，第二个深度陪伴工具就是"拥抱"。

不过，拥抱也是有方法和技巧的，千万不要敷衍孩子。

第一，拥抱孩子时，要发自内心地安抚。

有些父母对拥抱很敷衍，虽然动作上是在拥抱孩子，但是内心其实是有抗拒的，并不是那么情愿去安抚孩子。这个时候，孩子能感受到。

第二，拥抱孩子时，要全身心投入。

给孩子拥抱时，一定要全身心地拥抱孩子，不要一边拥抱孩子，一边还想着工作，看着手机，一定要用心感受通过拥抱和孩子建立的情感联结。

从今天开始，抓住一切机会多去拥抱你的孩子吧，不要嫌次数多，越多越好，这是安抚孩子最简单又最有效的方式。

深度陪伴工具

拥抱

拥抱是安抚孩子最简单又最有效的方式。

1. 拥抱孩子时，要发自内心地安抚。
2. 拥抱孩子时，要全身心投入。

沉默和忽视，是对孩子最大的伤害

我经常对父母们说，如果你们想伤害孩子，很简单，不需要说任何难听的话，也不需要打骂他们，沉默和忽视已经够给他们带来创伤了。

但是如果你们爱孩子，请千万不要这样做。

不论孩子是哭泣、哭闹还是对你耍狠、说一些恶毒的话，这些行为背后都是在呼唤"父母的及时回应",都是在呼唤爱。

当孩子的呼唤得到了及时回应,父母给了孩子拥抱,看见了孩子的感受和需求,孩子很快就会恢复到他活泼可爱的正常样子。

所以,想要做好对孩子的安抚,第三个深度陪伴工具就是"**及时回应**"。

如何才能做到及时回应呢?

第一,识别孩子需要及时回应的信号。

当孩子大哭大闹、在地上打滚儿、破坏东西、大喊大叫、对父母说一些恶毒的话、生气跑开时,都是需要父母及时回应的信号。

我曾在参加一位朋友举办的聚会时,认识了一位妈妈。她告诉我,她们家孩子6个多月,特别黏她,现在她已经准备要返回职场了,问我这种情况要怎么办。

跟这位妈妈沟通后,我发现,她为了返回职场,正在给孩子做睡眠训练。而她用的睡眠训练方法,刚好就是源自美国早已被心理学证明对孩子身心伤害极大并且臭名昭著的"哭声免疫法"。

具体做法就是,晚上孩子要睡觉了,就把孩子放在小床上,不抱孩子。孩子肯定不干呀,这位妈妈就启动"哭声屏蔽机制",不听孩子的哭声,任由孩子哭得撕心裂肺。第一天妈妈不理孩子,孩子可能会哭 1~2 个小时,第二天妈妈不理孩子,孩子可能只哭 1 个小时,第三天,孩子可能只哭半个小时。一周以后,孩子就不哭了。妈妈把孩子放进小床,开心地跟孩子说晚安,孩子自己就抱着自己的小布偶或者安抚巾乖乖睡着了。

这看起来是不是一件想想就无比美妙的事？孩子睡得香，妈妈也解放了时间，两全其美呀！

但真相是，婴儿在妈妈不理自己的这段时间里，感受到的是强烈的被抛弃感和巨大的恐惧感。这份被抛弃感会让小宝宝误认为，妈妈是不会满足自己的需求的，妈妈抛弃了自己，这个世界抛弃了自己，因此婴儿在逐渐的绝望中慢慢不再哭泣了。不是因为他学会了自主入睡，而是因为他放弃了"通过哭泣去唤起妈妈的回应"。

我很心疼这个小宝宝，但是当我跟这位妈妈讲"哭声免疫法"对孩子的危害时，这位妈妈一门心思想的是怎么快点返回职场，所以完全听不进去。我没有继续去劝服，只能在心里为这个小宝宝感到心疼。

妈妈爱自己没错，这也是我鼓励的，但是爱自己和让孩子感受到被爱，其实一点儿不矛盾。我们完全有更好的方法，让自己有更多的时间和睡眠，也可以让孩子不被伤害。如果孩子从小在内心就种下一颗"绝望"的种子，未来要买单的还是父母自己。

第二，不要跟孩子较真儿。

很多父母在孩子释放需要及时回应的信号时，很容易跟孩子较真儿。比如，孩子说恶毒的话，父母就用同样恶毒的话回应孩子；孩子生气跑开，父母就装作没看到，让他害怕了自己回来，这些都是非常破坏孩子安全感的事情。

我曾经认识一位妈妈，为了孩子回归家庭全职陪伴孩子成长。孩子 5

岁时，有一天，因为跟妈妈生气，对妈妈说了一句特别恶毒的话："妈妈，我希望你出门的时候被汽车撞死。"

就是这句话，击穿了这位全身心陪伴孩子成长的妈妈的内心。妈妈伤心欲绝地跟我说，她感到多么伤心，多么不值得，多么怀疑自己的育儿能力。

我对这位妈妈说，其实孩子这样说仅仅是在表达他生气的情绪而已，并不是真的因为讨厌你而去诅咒你，孩子要的仅仅是你的"及时回应"而已。

后来，这位妈妈尝试在孩子再次说出这种话的时候，努力调整自己情绪，对孩子说："妈妈知道你很生气，不论你对妈妈说多么狠的话，妈妈都依然爱你。"

结果呢？

头一秒还生气地紧攥着拳头对妈妈说着狠话的孩子，下一秒就柔软了下来，接受了妈妈的拥抱，跟妈妈和好了。

所以，不要跟孩子较真儿。

第三，回应孩子时多关注孩子的感受。

比如刚才提到的那位使用哭声免疫法的妈妈，她显然只关注到自己的需求，没有关注到孩子的感受，所以她的陪伴还处在"传统陪伴"层次。如果你看到孩子在地上打滚儿，你不一定要劝他起来，但是你可以用我们前面分享过的"说出感受和需求"的方法让孩子感受到被理解。

记住，沉默和忽视，是对孩子最大的伤害。

> **深度陪伴工具**
>
> **及时回应**
>
> 当孩子哭闹、发脾气、耍狠、说恶毒的话时,他们是在呼唤父母的"及时回应"。不要沉默,不要忽视孩子释放的信号。
>
> 1. 识别孩子需要及时回应的信号。
> 2. 不要跟孩子较真儿。
> 3. 回应孩子时多关注孩子的感受。

任何时候,都可以用"道歉"来修复亲子关系

有的父母因为不知道亲子关系的重要性,也没有系统性地学习深度陪伴孩子的方法,所以很容易跟孩子出现矛盾,造成亲子关系损伤。这可能是他们跟孩子相处的常态,但是这并不代表亲子关系就无法修复了。

如果我们能够降低身段,主动跟孩子道歉和好,就会发现,孩子的内心对我们的包容远甚于我们在孩子犯错之后对孩子的包容。

所以,如果想要做好对孩子的安抚,第四个深度陪伴工具就是"道歉"。

但是很多父母在头脑层面知道道歉很重要,行为层面却总是迈不出第一步,要怎么做才能迈出这一步呢?给大家分享两个方法:

第一，放下自己的权威。

父母和孩子之间不是强大的命令者与弱小的服从者之间的关系，而是爱与被爱的关系。所以，权威感的保持不是最重要的，最重要的是关系的保持。

我的深度陪伴学员宁宁给我分享过一个她通过"道歉"来安抚孩子，从而修复亲子关系的故事：

晚上回到家，奶奶说还剩一点作业没写完。儿子刚弹完钢琴，说想玩一会儿再做作业，我看时间很晚了，所以坚持让他马上就去做作业。儿子很不情愿，但是又迫于压力，不得不写。因为情绪很大，所以字就写得很糟糕。

当时我很着急，加上最近工作压力很大，自己的很多工作都被分走了，心里很失落。当初一心想要把儿子培养成一个自己能够独立完成作业的孩子，现在看到他哼哼唧唧不想做作业的样子，我一下子就爆发了，对他大吼："不写拉倒，爱写不写！"

我转身离开了孩子的房间去了卧室，躺在床上让自己冷静一下，此刻的我委屈地不断掉眼泪。一想到自己每天辛苦回来这么晚，尽量陪伴孩子，尽力给予孩子最好的，可是孩子的自控力还这么差，就很难过。

当我听到孩子在外面大声哭着说"我写，我写"时，我又很心疼，他还是个孩子，他已经比其他孩子好太多了，认识很多字，每天上很多兴趣班，嘴上不说累，却经常因为太累了，跪在地上委屈大哭，喊着"我都没有玩的时间了"。想到这里，我的心里似乎平静了一些。但是突然想起自己在委屈的时候老公在哪里，自己工作和育儿要承受这么多，却跟老公一天都说不上一句话——我睡着了他才回来，我走了，他没起床，我的心情又一下子跌到了谷底，躺在床上眼泪不断地流。

直到后来，要睡觉了，儿子过来了。我什么都没说，只是帮他弄好被子睡觉。就这样过了一夜，第二天一早我有事，也没能去送他上学。

等到晚上下班回来，我好像已经忘了昨天的事，儿子明显比昨天乖巧很多。但是婆婆告诉我，儿子昨晚很伤心，当我说不想跟他说话时，他很难过，却忍住了没在我面前哭。今天白天一天，一直都问奶奶"妈妈为什么这么对我，以前妈妈做错了会道歉，为什么这次没有"。当我从婆婆口中听到这一切时，我的心真的很痛，我觉得自己真的深深地伤害了孩子。如果不是婆婆告诉我，我完全不知道。

我决定第三天早上不管早与晚，都要去送儿子，我要跟他和解，跟他道歉。第三天一早，我们走在路上，我说："儿子，妈妈知道昨天你很难过，妈妈对你大吼，说不想跟你说话，让你很难受，妈妈跟你道歉，妈妈是爱你的，非常爱你。你能原谅妈妈吗？"

儿子：妈妈，我也爱你，我能原谅你。

我：妈妈昨天说不想跟你说话，是因为妈妈怕自己的情绪还没整理好，我担心跟你说话时又吼你，所以妈妈并不是不愿意理你。

儿子：妈妈，我要抱抱。

就这样我们相互抱着，相互原谅，一起走进学校。

通过这件事情，宁宁也特别感慨，她说没想到，她伤害了孩子那么多，孩子却如此包容和爱自己。

所以，愿意放下权威，是我们向孩子真诚道歉、安抚孩子的第一步。

第二，告诉自己，道歉不会降低自己在孩子心中的形象。

有些父母认为，自己道歉了，孩子可能就会看不起自己了，或者孩子可能会踩到自己头上来，那么自己在孩子心中就没有形象了。其实不会，相反，孩子会觉得父母是在乎自己、爱自己的，会跟父母更加亲近。

就像宁宁做的那样，她换来的不是孩子的嫌弃，而是孩子对妈妈爱的表达。

所谓"儿不嫌母丑"，无论父母犯了多大的错，只要父母真心跟孩子道歉，不反复伤害孩子，孩子都会包容和原谅自己的父母。

所以，任何时候，我们都可以跟孩子真诚地道歉，来修复我们跟孩子的亲子关系。

很多时候，不是父母在帮助孩子成长，反而是孩子在帮助父母成长。

这也是为什么我一直认为，深度陪伴并不是父母为孩子单向的牺牲和付出，而是一种双向滋养。如果父母认为花时间陪伴孩子会牺牲自己的事业、自己的时间，是纯粹的单向牺牲和付出，那一定不是真正的深度陪伴，而且孩子也无法承载父母的牺牲感。

这个世界上没有任何父母是完美的。正因为我们不完美，有很多缺点，所以我们才要去虚心学习如何成为更好的父母。**不做 100 分的妈妈，而要做一个会犯错但是勇于俯下身跟孩子道歉的 60 分妈妈。**

深度陪伴工具

道歉

任何时候，我们都可以跟孩子真诚地道歉，以修复我们跟孩子的亲子关系。

1. 放下自己的权威。
2. 告诉自己，道歉不会降低自己在孩子心中的形象。

相信：不论怎样都先相信孩子

父母和孩子之间最重要的是彼此信任，但这也是最难的。

有些父母不了解孩子行为背后的初衷和动机，不相信孩子，而一旦孩子感觉被误解，就会很委屈、情绪激动。这个时候如果父母意识不到孩子已经很受伤，一定要看到孩子通过情绪激动来自证清白，才愿意去相信孩子，就容易让孩子形成一种"我必须要努力去赢得父母的信任"的习惯，以及因为一点儿小事就歇斯底里的习惯。但这怪不了孩子，因为这个习惯是父母对孩子的"不相信"浇灌出来的。

下面将分享四个让孩子感受到父母对他们"相信"的工具和方法，帮助父母去修复和加固亲子关系。

孩子不会无缘无故让我们为难

很多父母会错误地认为，"如果让孩子放学后先玩，孩子的玩心收不回来，就更不愿意回家做作业了"。因此，总是要求孩子放学后先回家做作业，写完作业再玩。

这其实就是一种对孩子的不相信，不相信孩子会因为需求得到了满足，才更愿意做作业。同样，父母对孩子的不相信，也会引起孩子对父母的不相信——不相信父母是真的因为爱自己才满足自己玩的需求。即便作业做完了，父母让孩子下楼去玩了，但孩子也会认为那是因为自己满足了父母的期待，所以父母才让自己玩的，而不是因为父母爱自己，所以愿意满足自己的需求。

所以，想要让孩子感受到父母的信任，第一个深度陪伴工具就是"愿意满足孩子的需求"。

那么如何做，我们才能发自内心地去满足孩子的需求呢？
第一，减少对孩子的限制。
很多时候，父母不愿意满足孩子的需求，不是因为孩子的需求不合理，而是父母的限制太多，所以总是认为孩子的需求不合理。
我的深度陪伴学员燕子有一次遇到了一件棘手的事情：

五一之后，学校就改了放学时间，比原来晚了半个小时。晚上孩子放学后要先做作业，做完作业了还要练琴，再练毛笔字。孩子想和以前一样出门玩一个小时，但时间不够用，根本实现不了，孩子就开始闹情绪。为了出门玩，练琴时心浮气躁、指法不对，写毛笔字也很敷衍，让我很恼火。这种情况到底是因为作业太多，还是孩子不听话？

其实孩子不会无缘无故让我们为难，如果我们认为是孩子在难为我们，那一定是孩子的某项需求没有得到满足。比如，燕子晚上给孩子安排的学习确实有些多了，所以孩子没有时间玩。当孩子"玩的需求"得不到满足时，孩子对于课外兴趣的练习，如弹琴、练字等，肯定会用应付的心态去面对，不会心甘情愿，也不会主动。

我建议燕子接孩子放学后先去户外玩 1~1.5 小时，先满足孩子的需求。这样做有两个好处：

第一个好处是，孩子的需求得到了重视，更能感觉到父母的信任，而不是把作业和玩当作条件交换，"你把作业完成了才能出去玩"。

第二个好处是，现在的孩子严重缺少户外运动，白天的户外运动对孩子的骨骼发育、视力都非常重要。可以玩了之后再回家做作业，做完作业之后，如果有时间，再让孩子自己选择练习哪一项特长。尽量不要在孩子对一件事情的自主性和熟练度还没有提升的时候，就一股脑儿地给孩子安排一堆类似的事情。这样孩子会特别有压力和挫败感。

第二，想想马斯洛需求层次理论。

大家还记得我们前面讲过的"马斯洛需求层次理论"吗？孩子的需求也是一样的，如果我们不能满足孩子底层的一些基本生理需求，比如玩的需求，那么我们希望孩子能够自律，能够自我负责，其实是不符合一个人的身心发展规律的。

很多被训练得看似很自律的孩子，大都是这种情况，为父母的期待而活，为父母的目标而活。父母走了捷径，却要孩子用余生的努力去找回自己的人生主导权。在找回自己的人生主导权之前，孩子都很难获得真正的幸福感，这是父母的初衷吗？绝对不是！

所以，**父母愿意满足孩子的需求，就是愿意让孩子为他自己的期待而活，并且相信为自己期待而活的孩子会拥有更加自主和自律的人生。**

> **深度陪伴工具**
>
> **愿意满足孩子的需求**
>
> 满足孩子的需求,让孩子为他自己的期待而活,从而拥有更加自主和自律的人生。
>
> 1. 减少对孩子的限制。
> 2. 想想马斯洛需求层次理论。

允许孩子犯错,才是成长的捷径

孩子在成长的过程中,经常会犯错,但是父母往往对孩子犯错的容忍度非常低。尤其是在公共场所时,如果孩子犯错,父母就会感觉那是在打自己的脸,所以面对孩子犯错的行为,会更加恼羞成怒。

这个阶段我也经历过,因为从小我的父母就教我要讲礼貌,如果我在外面的言行很不礼貌,马上就会受到父母非常严厉的批评。然而事后,我往往已经不记得那件事情我哪里做得不对了,只记得父母当着那么多外人批评了我,让我很没面子。下一次,我可能还会犯同样的错误。

当我大学毕业后,进入职场,第一次遇到对我的错误特别包容的领导时，我发现，不用他多说，我自己内心就充满了想要改变的动力，下一次会比之前更加认真、更加用心地检查。这就是相信的力量。

所以，要想让孩子感受到父母的相信，第二个深度陪伴工具就是"允许犯错"。

那么如何做才能成为一位允许孩子犯错的父母呢？下面两个方法可以很好地帮到你：

第一，告诉自己，让孩子发自内心地意识到错误比维护自己的面子更重要。

有一次，我工作了一天，拖着疲惫的身体回到家，很明显地嗅到父子俩"有火药的味道"。

我：发生什么事了吗？

（乐乐沉默）

我：没关系呀，妈妈说过，无论你做了什么事，只要能诚实面对，犯错也不要紧，我们一起来解决问题。

乐乐：妈妈，今天在外面坐电梯，电梯快关门的时候，闯进来一位爷爷，我就指着他说，你怎么磨磨蹭蹭的！

我：哦，原来是这样啊。那你自己觉得有没有不妥的地方？

乐乐：我不该指着那位爷爷，还说他磨磨蹭蹭。

我：那你为什么要那样说呀？

乐乐：我当时很生气，因为我着急下楼去玩。

我：那你是自己知道不对，但是一着急就没控制住情绪是吧？

乐乐：嗯。

我：那你觉得我们等一下爷爷会耽误多少时间呢？1 小时？30 分钟？10 分钟？5 分钟？

乐乐：几秒钟。

我：那下一次可以耐心等待一下，并且好好说话吗？

乐乐：可以。

我：假如你找到了这位爷爷，你会怎么跟他道歉？

乐乐：爷爷，我不应该用手指着你还跟你说不要磨磨蹭蹭的，我着急是因为我想赶紧下去玩。你年纪大了，就是会慢一点，我多等几秒钟又有什么关系呢？对不起。

我：很棒呀，你还跟爷爷解释了自己那样做背后的原因，妈妈相信那位爷爷听到后一定也会原谅你的。

我没有指责乐乐，而是允许他犯错，并且通过沟通引导，让他意识到了自己的错误。虽然乐乐没有机会当面跟那位爷爷道歉，但比起不允许孩子犯错，在电梯里面强迫孩子给爷爷道歉，保住大人的面子，我认为这样做更加有效。

所以，每当乐乐犯错后，尤其是在公共场所言行不当，我都会告诉自己，与其照顾自己的面子把孩子凶一顿，逼着孩子道歉，不如让孩子发自内心地意识到自己的错误，并且在下一次改进。

因为凶孩子一顿，逼孩子道歉，就像逼孩子做作业一样，虽然这个任务完成了，但是孩子到底是否真的意识到自己的错误了呢？孩子到底是否真的发自内心地愿意在下一次改正呢？孩子是否知道下一次要怎么改正呢？如果这些目标都没有达成，那就仅仅是大人对孩子发泄了一顿情绪，照顾了自己的面子而已。

第二，告诉自己，每个孩子都是在犯错中成长的。

我一直认为，犯错就是孩子成长的最好契机，当然前提是父母要懂得正确引导。就像刚才我分享的乐乐的例子，通过这件事他也成长了，学到了不要说伤人心的话。

后面，我又继续跟乐乐沟通。

我：那刚才你跟爸爸之间发生了什么呀？

乐乐：爸爸对我太凶了。

我：那你跟爸爸沟通一下，告诉他你希望他以后怎么跟你沟通，好吗？

乐乐：爸爸，你不要那么凶，我又不是犯了不可原谅的错误，你可以好好跟我说。

我：你还可以告诉爸爸什么才叫好好跟你说。

乐乐：你要像妈妈那样跟我好好说。

乐爸：好呀，妈妈是怎么跟你说的？

乐乐：妈妈先问我发生了什么事，再问我为什么会那样做，最后还让我道歉。

我：哇，你这提炼能力太强了，妈妈给你点赞，而且你还培训了爸爸怎么跟你沟通。最后，你还可以跟爸爸确认一下爸爸都学会了没有。

乐乐：爸爸，你都学会了吗？

乐爸：学会了，谢谢你。

这样，乐乐又学习了如何跟爸爸沟通，让爸爸以后能够换一种方式去帮助他成长。

允许孩子犯错，就是相信孩子有想要做得更好的心。

允许孩子走弯路，才是捷径。

深度陪伴工具

允许犯错

允许孩子犯错，就是相信孩子有想要做得更好的心，这才是成长的捷径。

1. 告诉自己，让孩子发自内心地意识到错误比维护自己的面子更重要。
2. 告诉自己，每个孩子都是在犯错中成长的。

放下担心，孩子才会成为你期待的样子

父母对孩子很容易产生一种担忧，那就是越放手不管，孩子越贪玩，最后就会一事无成。所以为了孩子的未来，干脆把孩子的生活、学习、大事小事都管起来，甚至精确到几点几分必须起床，几点几分必须开始做作业，要求孩子毫无误差地执行，以为这样孩子就能建立高效的时间管理能力，养成好习惯，变得优秀。

这样的想法真的是大错特错。

想想你的童年，有哪件事情，是因为父母管得特别紧，所以你心甘情愿做得特别开心呢？我想，大多数情况下，你一定跟我一样，总是会想方设法地偷懒。带着完成任务的心态去做事，结果当然也不会好到哪里去。就算是学习成绩变好了，也不一定会开心。

反而是当父母完全相信孩子、不再担心孩子、自然地放手时，孩子才有了更大的自由发挥空间。只有孩子感兴趣，做事情时才更容易进入既开心又没有心理负担的心流状态，最后变得优秀的可能性反而更大。

所以，想要让孩子感受到父母的相信，第三个深度陪伴工具就是"放手"。

如何才能成为一位能放手的父母呢？

第一，告诉自己，越早放手，孩子成长越快。

乐乐刚上一年级时，有一天早上，闹钟 6:40 准时响起，10 分钟之后，乐乐还在被窝里一动不动。

我提醒他："乐乐，已经 6:50 了哦。还有 20 分钟我跟爸爸就要出门了，

你也要赶紧起床啦。"

好不容易把乐乐喊起来,他一会儿发呆,一会儿去书桌前翻翻汽车贴纸,一会儿又去摸摸他的彩窗磁力片,就是不肯迈进洗手间洗漱。

我只好再次提醒:"乐乐,还有 10 分钟爸爸妈妈就要出门了,你还没换衣服,还没刷牙洗脸,待会儿就赶不及去学校吃早饭了。"

这个时候,乐乐开始有情绪了:"哼,你让我刷牙洗脸,那我到了周末就不刷牙洗脸。"

我这才意识到,他是在用这种方式对我的提醒提出抗议。

所以我试探性地跟他确认。

我:乐乐,你是不是不喜欢妈妈早上这样反复提醒?

乐乐:嗯。

我:那你是不是希望由你自己安排早上的时间?

乐乐:嗯。

我:好的,那妈妈从今天开始就不提醒你了,你自己来规划时间,如果 7:10 出门,你就可以在学校有充足的时间吃早餐,出门晚了可能就没时间吃早餐了。这些全部由你自己来安排和计划,好不好?

乐乐:好。

神奇的事情发生了。

2 分钟后,乐乐开心地拿起牙刷和牙膏开始洗漱,7:12 分就出门了。

第二天早上,也是类似的情形。

闹钟 6:40 准时响起,他继续睡,睡到 6:55 才起床,穿好衣服,7 点钟去看了一眼闹钟，他感叹了一下，还有这么久啊。然后又去玩了一小会儿彩窗磁力片。我心里还小小担心了一下，担心他一玩就会忘记时间，结果人家 7:06 跑去刷牙洗脸，7:10 准时搞定。

我就很奇怪，这孩子怎么不用看时间，就把点儿掐得这么准？

其实中间乐爸好几次忍不住想要提醒他，晚了去学校就没早饭吃了。

我跟乐爸说，就算他去晚了，没有时间吃早饭，饿一上午，也没关系，这是他自主管理时间需要经历的体验。

就像他开学头几周有一天早上没有带饭盒，结果没有吃早饭，饿了一上午一样，后面他再也没有忘记带饭盒。

从那一天开始到现在乐乐已经 10 岁了，我和乐爸没有再提醒过他起床，没有再提醒过他要赶紧出门。虽然偶尔也会有因为没有安排好时间迟到的时候，但是绝大部分时间他都能准时上学，早早地去教室，甚至有时候宁愿不吃早饭也要赶紧上学不迟到。

这就是早点放手的好处，越早放手，让孩子自己体验，孩子越能够从内而外地建立自己的规则、秩序和方法。

第二，告诉自己，迟早都要放手。

很多时候，父母不能放手，就是因为担心，担心孩子迟到被老师批评，担心孩子去学校没有早饭吃，担心孩子养成迟到的习惯……

可是，**就算你再担心，也要选择相信，因为迟早孩子都要跟你分离，迟早你都要放手。**可能现在你的孩子在你的信任下还是没有做好，没有关系，这是他们成长的必经之路。就像孩子刚开始学走路时走不稳会摔跤一样，我们放手后，孩子确实会摔跤，但是很快他们就能走得很好了。

从担心孩子走不稳会摔跤，到终于决定放手让孩子自己尝试走路；

从担心孩子玩具被抢后自己没办法处理会大哭，到终于决定放手让孩子自己去处理；

从担心孩子无法适应幼儿园生活天天哭泣，到终于决定放手让孩子自己去适应幼儿园。

这是父母必做的功课。

迟早都要放手，而且孩子一定是放手后才真正开始成长。越早放手，孩子成长越快。选择相信吧，越早越好。

第三，回想一件你放手后孩子自己做得越来越好的事情。

多多回想那些因为你的放手，孩子自己做得越来越好的事情，可以让我们对自己产生信心。我们对自己放手的策略有信心了，才更容易做到多多地放手。

每位父母都会经历很多放手的事情。

比如让孩子自己走路、自己吃饭，比如让孩子独立入睡、独立上学，比如让孩子自己出门跟小朋友玩。

上面的每一件事情，都是在我们放手后，孩子才做得越来越好的，不是吗？

> **深度陪伴工具**
>
> ### 放手
>
> 越早放手,孩子成长越快。
>
> 1. 告诉自己,越早放手,孩子成长越快。
> 2. 告诉自己,迟早都要放手。
> 3. 回想一件你放手后孩子自己做得越来越好的事情。

孩子需要商量,而不是你一厢情愿的意志

父母在孩子面前,天然是一个权威的存在。因为孩子小的时候,需要依靠父母生存,所以不论你是否尊重孩子,是否愿意跟孩子商量,小孩子看起来都会比较听话,但并不意味着这样做就是正确的。

但是,很多父母会把这样做当作是正确的。他们会认为,不需要跟孩子商量,因为商量之后,孩子可能会得寸进尺,孩子可能会说话不算话。

如果你这么想,那么本质上,你是不相信孩子的。只有相信孩子的父母,才愿意跟孩子商量着定目标、定计划、定行动。

所以,要想让孩子感受到父母的相信,第四个深度陪伴工具就是"**商量**"。

但是说起来容易，做起来却不容易。当孩子无理取闹时，当你试图跟孩子商量但是无果时，父母很容易就回到专制独裁的老路上去。

如果你想迈出跟孩子商量的第一步，这里有三个很有用的心法可以用起来：

第一，看看孩子是否有太多需求没有得到满足。

如果跟孩子商量，孩子却得寸进尺，那我们应该去思考孩子是否有太多需求没有得到满足，从而让欲望变成了一个很难被满足的黑洞，而不是给自己一个必须强行让孩子服从的借口。

第二，看看孩子是否自主选择的机会太少。

如果跟孩子商量后，孩子却说话不算话，承诺了做不到，那我们应该去看看孩子是否以前自主选择的机会太少，习惯了一切由父母做决定，由父母监督，由父母代替他为结果负责，以至于孩子丧失了自我负责的能力，从而忘记了自己的目标、计划和行动。

第三，相信孩子不会故意无理取闹。

当孩子无理取闹时，父母很容易就放弃跟孩子商量的尝试，因为沟通起来实在是太困难，太累人了。

这个时候，要记得提醒自己，孩子不会故意无理取闹。还记得我们在"安抚"中讲过的案例吗？无理取闹的背后，很可能是孩子在呼唤你的及时回应，也有可能孩子需要你一个温暖的拥抱。

总之，要相信你的孩子不会故意无理取闹。

如果我们希望自己的孩子以后跟他的同学、朋友一起玩的时候，不会动不动就居高临下地质问："你们为什么不听我的？"不会动不动就发脾气："哼，你们不听我的，我不玩了！"希望孩子长大后跟父母沟通时能够多一些尊重和理解，那么作为父母，从现在开始跟孩子沟通时，就要多跟孩子商量。这样当孩子跟小伙伴们意见不一致时，跟日渐衰老的我们沟通时，也会多一些商量。

乐乐4岁的时候，有一天他生病了，我请假在家陪他。坐在他的床边时，我忍不住看了一下手机，处理工作的事情。乐乐突然对我说："妈妈，我给你定个倒计时闹钟，闹钟时间到了，你就不看手机了好吗？"

然后他自己拿起我的手机，非常熟练地设置好了4分钟的倒计时，对我说："妈妈，我给你设了4分钟，4分钟到了，你就不看手机陪我玩好吗？"

那一刻，我既羞愧又开心。

羞愧的是，儿子生病的时候，作为妈妈的我心里还想着工作，不能做到全身心陪伴。

开心的是，孩子能够用这样一种我完全没有办法拒绝的方式和我沟通，既给了我时间，给了我尊重，又表达了他的需求，完全是一种双赢的互动方式。

而我从来没有教过他这样做，也没有要求过他这样和我沟通。

我只是从他不到2岁开始，当他的需求和我的需求冲突时，会用这样商量的方式去跟他沟通，让他有心理准备，同时提出我的需求。

比如，他在沙坑里玩沙子玩得不想回家时，我会用闹钟倒计时的方式和他商量："咱们倒计时 5 分钟，闹钟响了就回家好吗？因为妈妈肚子饿了，妈妈要回家做饭了。"

大家都听说过，孩子是父母的复印件。

这里的父母泛指孩子的监护人。也就是说孩子都是从大人身上去学习的，无论你是否教过孩子什么，只要你做过的，你的一言一行，甚至你的心理状态，都会原封原样地印刻在孩子的骨子里。

> **深度陪伴工具**
>
> **商量**
>
> 多跟孩子商量，孩子不会故意无理取闹。
>
> 1. 看看孩子是否有太多需求没有得到满足。
> 2. 看看孩子是否自主选择的机会太少。
> 3. 相信孩子不会故意无理取闹。

读到这里，我相信你对亲子关系已经有了一个完全不一样的认知，也意识到了自己陪伴孩子过程中很多问题的根源。

亲子关系是深度陪伴 RAP 养育法的起点，亲子关系和孩子行为的关系，就像好的食材和美味佳肴之间的关系。食材越好，做出来的菜越好吃、越健康，甚至无须太多佐料，也可以很好吃。相反，如果给你一堆不新鲜甚至坏掉的食材，无论你的厨艺多好，都不可能做出健康美味的菜肴。

所以，只要亲子关系好了，孩子各方面的行为一定会慢慢变得越来越好。

可是为什么很多父母明白这个道理，还是会习惯性地忽视"亲子关系"而去花很多时间和精力纠正"孩子的行为"呢？

因为这个世界上，大多数人都会习惯性地重视"看得见"的东西，比如"金钱"，但是会忽略那些"看不见"但是却很重要的东西，比如新鲜空气。

"孩子的行为"是每天都能看见的，但是"亲子关系"是看不见的，亲子关系只能透过孩子的一些行为得到体现，而这还要取决于父母的敏感度。

所以，如果想要拥有一种亲密牢固的亲子关系，从现在开始，要先修正自己的认知，把看不见的亲子关系放在首位。亲子关系好了，孩子的行为自然就会慢慢变好。

亲子关系四要素——看见、接纳、安抚、相信，以及对应的 14 个深度陪伴工具需要反复练习，你也可以加入或者组建自己的深度陪伴践行圈子，跟其他家庭一起践行亲子关系四要素，努力构建一种亲密牢固的亲子关系。

A

第四章

A 意愿，
培养有内驱力的孩子

帮助孩子放松·请求孩子帮助·有效鼓励·降低难度	**胜任感**
用体验代替大道理·给孩子选择权	**自主感**
激发孩子的梦想·游戏力·抓住"哇"时刻	
营造好的氛围和环境·庆祝·用榜样影响	**联结感**

四种学习内驱力,只有一种最有益

有一位老人,特别烦恼,因为有一群孩子每天中午都在他家门口追逐打闹,让老人无法好好休息。于是这位老人想了一个办法,他把孩子们喊过来,给了每个人 10 元钱,对他们说:"谢谢你们每天都过来,让这里变得很热闹,我觉得自己也年轻了不少,我希望你们明天还能过来。"

第二天孩子们过来的时候,他给了每个孩子 5 元钱。第三天孩子们过来的时候,他只给了每个孩子 2 元钱。孩子们勃然大怒:"一天才 2 元钱,知不知道我们有多辛苦!"他们向老人发誓,再也不会过来为老人制造"热闹"了。

这位老人用到的方法就是"奖励"。

奖励会短暂地刺激孩子的驱动力,但是一旦奖励减少,或者奖励消失,或者奖励无法跟上孩子的需求,孩子的驱动力就会断崖式下滑。而且孩子本来是有"为自己的快乐而玩"的内部动机的,因为"奖励",内部动机反而变成了"为得到金钱而玩"的外部动机,这就是奖励的危害。

很多父母会对孩子说"如果你考了 100 分,就奖励你 100 块钱"。本来是想刺激孩子更好地学习,但是父母没想到,恰恰是这样源源不断的外部奖励，不断削弱了孩子的学习内驱力。

"你帮妈妈洗碗，妈妈就给你一块钱。"

"你今天读完这本书，妈妈就奖励你一枚小贴纸，攒到一定数量，可以找爸爸妈妈换东西。"

我相信这些方法很多父母都用过，这些都是奖励，都是让孩子很开心的方法，所以它是一种"快乐驱动的外驱力"。这种驱动力非常具有迷惑性，因为孩子受到物质奖励也许在短时间内会做得很起劲，大人就觉得这种方法很好用。

小一点的孩子很好打发，买点小贴纸、小零食、小玩具，孩子就满足了。但等孩子大了以后，这种小恩小惠就不起作用了，孩子会提出更多、更高的要求，要给孩子买更多、更贵重的东西才能满足孩子的需求。这不但变相地刺激了孩子对物质的欲望，而且会进一步削弱孩子的内驱力。

还有一种是"痛苦驱动的外驱力"。

孩子做错事了，父母就让孩子面壁思过：

"你自己站在那里好好反省一下！"

期末考试前威胁孩子：

"如果考试没考好，假期就不带你出去玩了。"

孩子不想做作业，要么唠叨孩子：

"快点做作业呀！"

"你什么时候开始做作业呀!"

"再不做作业马上就 9 点啦!"

要么吼孩子:

"你自己看看都几点了?还不开始做作业!"

如果孩子做事有点笨拙,就使用嘲笑或者侮辱性的语言:

"你看看你自己,有能做好事情的样子吗?"

"你怎么这么笨!"

试图用激将法让孩子做好一件事,包括对孩子进行打骂,这些都属于"痛苦驱动的外驱力"。

唠叨和威胁是比较隐晦的"痛苦驱动的外驱力",尤其是很多父母会脱口而出:

"你如果再乱发脾气,妈妈就不理你了!"

"妈妈不喜欢调皮的宝宝,妈妈喜欢乖宝宝!"

这些给孩子带来的痛苦是直接进入潜意识层面的不安全感,往往比打骂给孩子带来的伤害更大。

无论是"快乐驱动的外驱力"还是"痛苦驱动的外驱力",对孩子的作用都犹如"饮鸩止渴",当下看起来有用,长期对孩子的伤害很大。

还有一种外驱力，叫作"环境驱动的外驱力"。

比如乐乐不太爱运动，但是当他跟班上喜欢运动的孩子在一起玩时，他就会特别起劲儿地运动，这就是环境驱动的外驱力。这种外驱力对孩子没有什么伤害和负面影响，唯一的缺点是持久性不足，只要环境消失，孩子的驱动力就会消失。

外驱力和内驱力，都可以提升孩子当下做事的意愿，但是外驱力带来的意愿只是昙花一现，会伴随外部条件和环境的变化而减弱或消失；只有内驱力，才是能够让孩子发自内心持续地对学习有热情的方式。

虽然内驱力的培养比外驱力更花时间，但是一旦孩子具备了内驱力，后面可以省下父母每天监督提醒唠叨的时间，整体来说，投资回报率一定远大于外驱力。

比如建立阅读的爱好。从乐乐9个月开始，我们全家人每天都会轮流跟孩子一起亲子阅读，在这个过程中逐渐培养了他阅读的兴趣。上小学之后，孩子便自然地从亲子阅读过渡到自主阅读。在这期间，我会不断通过各种方式去增强他的学习内驱力（关于提升孩子内驱力的方法，在本章后半部分会详细讲解）。现在10岁的乐乐每天最喜欢的事情就是阅读，我完全不需要提醒监督，反而要不断告诉他，记得阅读时倒计时20分钟，保护好眼睛。

如果让你选择，你是愿意用6年的时间培养孩子的阅读内驱力，让孩子一辈子受益，还是在一开始孩子不喜欢阅读的时候，就给他一颗糖、一点零食作为奖励，然后在孩子上大学之前的18年，每天都想尽各种办法去让孩子坚持阅读呢？我想，你一定愿意选择前者。

所以，虽然我们有四种可以提升孩子学习内驱力的方法，但是深度陪伴孩子的过程，只有一种是最有益的，那就是培养孩子的内驱力。

提升孩子内驱力的三大引擎

孩子上了小学之后,大部分父母都会头疼一个问题:作业问题。很多父母每天把有限的陪伴孩子的时间都消耗在了完成作业的拉锯战上,不提作业母慈子孝,一提作业鸡飞狗跳。

有一位妈妈曾经跟我说,她的孩子明明有能力在9点之前完成作业,但是每天总要拖到晚上12点,这让她非常不解,也非常痛苦,因为她是一个精力不太足的人,每天都陪着孩子熬到晚上12点,孩子辛苦,她也辛苦。

有一些家庭,孩子都上初中了,每天晚上还需要父母盯着做作业。

有一些家庭,为了解决孩子的作业问题,会花钱把孩子送到家附近的晚托班,让孩子做完作业再回家。

当然,现在很多小学也都有课后服务,下午最后两节课,孩子可以在学校做完作业再回家,这样父母就省心了。

可是,你有没有想过,难道作为父母,我们的目标仅仅是让孩子每天按时按质地把作业做完吗?

当然不是。

我经常对乐乐说，做作业的目的不是完成作业，也不是达到百分百正确，而是透过作业，让自己去练习课堂上学到的知识，查漏补缺。也就是说，作业其实只是一个载体，最重要的是练习应用以及学习复盘。

既然是练习应用和学习复盘，那么作业的主体当然是孩子。

如果孩子没有练习的内驱力，没有学习复盘的内驱力，不论是你盯着孩子做作业，还是让孩子在学校做完作业再回来，抑或是把孩子送到晚托班，孩子都能保证完成作业，作业质量也看不出有什么大问题，但是却不一定真正"用心"去做。

有的孩子会去抄答案，有的孩子会直接问晚托班老师，有的孩子会临时抱佛脚死记硬背。最常见的一个场景就是，孩子要完成背课文的作业，刚一背，却发现脑子里空空如也，就赶紧停下来，翻开书，进入全神贯注默念的状态。几分钟后，合上书本，倒背如流，作业清单上又完成了一项，但是转头就忘。总之，孩子会把父母想要的结果给父母，让父母不要唠叨作业这件事了，但是孩子自己并不会用心去对待作业这件事。

怎么样才能让孩子真正用心对待作业呢？

美国心理学家德西和瑞安在 20 世纪 80 年代提出了"自我决定论"。自我决定论认为，以下这三种基本心理需求如果得到满足，那么就可以提升一个人的内驱力。这三种基本心理需求分别是：**胜任感（Competence）、自主感（Autonomy）和联结感（Relatedness）**。我把它叫作提升孩子内驱力的三大引擎，也是提升孩子内驱力的底层逻辑。

胜任感是让孩子觉得"我有能力做到",**自主感**是让孩子觉得"这是我可以选择的""这是可以按我的想法去推进的",**联结感**是让孩子觉得"我跟相关环境的人之间是有情感联结的"。

明白了这三大引擎的含义,我们再来看为什么很多孩子都不喜欢做作业。

很多父母会要求孩子,放学后第一时间回家做作业。有些家庭妈妈或者爸爸还会坐在旁边看着孩子写,一旦孩子哪里写错了,字写得不好看了,有些走神了,父母马上就会提醒。如果孩子显示出不耐烦,或者无所谓的态度,那么大人就会一顿批评;如果孩子作业做得慢,有些拖拉,父母就会跟孩子说"不要磨磨蹭蹭的,快点儿写";如果孩子作业做得快,有些父母还会给孩子额外再布置一些作业,好让孩子多学点儿东西。在这种状态下,孩子当然不愿意做作业了。

首先,孩子做作业的计划、时间、方式,全部都是父母在决定,孩子没有任何决定权。即使有些父母会跟孩子商量,"你想几点开始做作业",但是如果孩子做作业的速度、质量跟父母原本的期待不符合,父母还是会忍不住去干预。这就导致在孩子心里，做作业不是他们能够自己去选择、按照自己的想法去推进的事情，非常没有"自主感"。

其次，在父母不断提醒孩子、纠正孩子的过程中，孩子会觉得"我总是出错""我好像很笨""我有一堆问题"，非常没有"胜任感"。这也是为什么，父母本来是好心提醒，结果孩子却越来越烦躁，父母也随之越来越烦躁。

最后，很多父母把孩子做作业这件事情，变成了一项非常严肃的任务，陪孩子做作业也好，不陪孩子做作业也好，都给孩子一种"完成作业比我这个人更重要"的感觉。

我们可以把自己放到孩子的角色去想象一下。在学校一整天，除了课间10分钟，其他时间都要待在教室里，要坐着专心听课，不能有小动作，不能分心走神。这比我们大人上班要严格得多，上班累了还可以随时随地站起来做做身体拉伸，可是孩子不行。课间休息时，一般是不允许在楼道里跑来跑去的，而且只要是在二楼及以上的班级，通常孩子是没有时间跑下楼去操场上玩的，所以孩子一身的活力无处安放。

可以想一下，如果我们在学校学习了一天，放学后回到家，会感觉怎么样？肯定有些累，迫不及待地想要去玩，去放飞一下。有些孩子可能在学校还会跟同学发生一些小矛盾、小摩擦，甚至可能会被老师批评，这些都会给孩子带来很多压力。那放学以后，孩子回到家第一时间最需要的是什么？肯定是父母的关心，对不对？可是孩子放学后回到家，父母第一时间会对孩子说什么呢？一般都是冷冰冰的一句"赶紧做作业"。这样的陪伴，让孩子感觉不到任何的"联结感"。

如果提升孩子内驱力的三大引擎"胜任感""自主感""联结感"统统都没有，那父母又怎么能期待孩子喜欢做作业呢？

很多父母往往并不清楚孩子做作业时磨磨蹭蹭的真正原因是什么，只能看到"磨蹭"这个行为，于是对孩子的要求更加严格。可能短期内孩子的作业速度和质量会有所提升，但是也会进一步削弱孩子的内驱力。如果我们想要解决这个问题，就不能盯着"孩子不想做作业""孩子作业磨蹭"这样的行为本身，而是要透过行为去看孩子行为背后的感受和需求。孩子需要感受到"我有能力自己安排作业""我有能力把作业写得又快又好""我能够自己决定做作业的时间和先后顺序""在做作业的过程中我感受到爸爸妈妈更在乎我而不是作业"，如果这些需求得到了满足，孩子自然就会喜欢上做作业。

我们只有知道孩子学习欠缺内驱力的真正原因，才能有正确的方向。接下来，我会分享如何通过增强胜任感、自主感、联结感来提升孩子的学习内驱力，并且会提供 12 个深度陪伴工具，帮助大家沿着清晰的路径来达成提升孩子学习内驱力的目标。

胜任感：让孩子行动更积极

没有人天然会喜欢"我总是做不好一件事情"的感觉。无论你多喜欢一件事情，如果你总是做不好，久而久之，你也会失去热情。

我记得高中的时候，我特别喜欢听古典吉他音乐，总是想象着有一天我在舞台上弹奏古典吉他的美好场景。但是因为忙于高考，没有时间去学习吉他。于是上大学后的第一件事，就是拿着半个月的生活费奢侈地给自己买了一把古典吉他，兴奋地每周骑 1 个小时自行车去很远的地方学习。可是学了 1 年以后，就慢慢停了下来，吉他也成了摆设。

工作后，我不死心，觉得我那么喜欢古典吉他，怎么就不能坚持呢？于是花了半个月的薪水给自己买了一把更贵的古典吉他，报了一个吉他班，希望用这份重金投资来让自己坚持下去。

可是上了几次课之后，也没有坚持下去。

又过了几年，机缘巧合又重拾起了这个爱好，又给自己报了一个班，还约了一个朋友一起上一对二的私教，结果我俩都没有坚持下去。

我自己也很纳闷儿,我明明很喜欢啊,我也是一个目标感很强的人啊,怎么就坚持不下去呢?

直到很多年后的今天,再来回顾这件事情,我才恍然大悟,原来问题出在我没有"胜任感"上。因为弹吉他对手指的精细动作要求很高,而这恰恰是我的弱项,所以虽然刚开始入门很容易,可是随着难度加大,挫败感增强,就慢慢无法坚持下去了。

我们的孩子很多时候无法坚持做一件事情,其实也是因为缺少"胜任感"。作为父母,看到这里,你是不是有一种恍然大悟的感觉呢?

没关系,知道就是改变现状的第一步,接下来将分享四个增强孩子"胜任感"的深度陪伴工具和方法,帮助父母提升孩子的学习内驱力。

帮孩子放松,不要让他觉得"学习本身是痛苦的"

我自己体验过"学习是快乐的",所以在乐乐很小的时候,我就告诉他,学习是一件快乐的事情。

乐乐上幼儿园时,总是想要第一个到幼儿园,因为迫不及待地想要去学习。刚上一年级时,特别喜欢做试卷。有一次,我看到他上个学期的期末考试试卷,感觉用不上了,就自作主张帮他扔掉了,被乐乐发现之后,他特别生气地对我说:"哼,谁让你把我的试卷扔了?我要你给我再买一百张试卷,我要做个够!"看到他认真的表情,我真的很想笑。

到小学三年级以后,学习压力大了一些,乐乐偶尔也会说,我不想做今天这个作业。但是如果问他，那你喜欢学习吗？乐乐会回答，"我喜欢学习，我只是不喜欢今天布置的这个作业。"

当一个孩子真正体验过"学习是快乐的"，他自己就会区分学习和作业的关系，学习和上学的关系。 学习不等于作业，学习也不等于上学。可能孩子偶尔会讨厌作业，偶尔会不喜欢某个老师讲的课，但是这并不代表学习就是痛苦的，只能说明那种学习方式是不适合孩子的。

很多父母总喜欢给孩子灌输一种错误的观念，"学习本身就是痛苦的"。这是因为他们自己在当年学习时，体会到的感受就是痛苦的。因为没有体会过"学习也可以是快乐的"，所以不相信学习是可以快乐的。

于是，孩子每天想到要上学就很痛苦。甚至，父母喊起床也很痛苦，总要赖床半个小时才起来。为什么？因为学习是痛苦的呀，谁有动力每天自发自愿地去做一件痛苦的事情呢？

事实上，只有当孩子觉得学习是快乐的、放松的、没有压力的，才会认为自己更有能力完成这个学习任务，也才会更有胜任感，从而喜欢上学习。

所以，想要增强孩子的"胜任感"，第一个深度陪伴工具就是**"帮助孩子放松"**。

怎么做才能帮助孩子放松呢？

第一，不要用成年人的能力标准去要求孩子。

有时候，父母可能觉得作业一点儿也不多啊，一点儿也不难啊，怎么孩子还不会做呀？还做得这么慢呀？父母对孩子不能感同身受，所以意识不到孩子可能是累了、有压力。如果这时不去帮助孩子，反而不断贬低孩子，"你怎么这么慢""这么简单你都不会""我当年做这样的题速度至少比你快一倍"，孩子就会丧失信心。

所以，不能用我们成年人的能力标准去要求孩子。只有做到这一点，我们才能有内在的意愿去帮助孩子放松。

第二，识别孩子的紧张、压力和疲惫。

有时候，孩子已经很疲惫，很有压力了，但是他们未必会讲出来，看上去只是不想做作业，或者闹情绪。这个时候就需要父母有足够的敏感度，能够识别孩子的紧张、压力和疲惫，并且主动想办法帮助孩子放松。

有一次我带放学后的乐乐去一位中医那里调理身体，来回的路上加上调理时间，总共要3个小时。回到家已经8点多了，乐乐这才开始做作业。英语作业刚做了一小半，乐乐就开始有情绪了，跟我说："妈妈，我不想做作业了，我一看到作业就头疼。"

我：你是不喜欢做作业，还是这会儿累了有些抵触感呢？

乐乐：妈妈，我是现在累了有抵触感。

我：那如果现在让你去洗个澡，你会有抵触感吗？

乐乐：不会。

于是我让他先去洗个澡放松一下。等他洗完澡，再回到书桌前，整个人又开心起来了，很快就把作业做完了。

这就是"帮助孩子放松"带给孩子的胜任感。学习上的痛苦大都来源于学习的压力和困难,帮助孩子放松,可以让孩子更有能力去应对这些压力和困难。

另外,学习过程中快乐和痛苦的比例是会动态变化的。每个孩子在学习时,都会经历很多压力和困难,如果这些压力和困难不能及时得到支持和解决,可能就会变成痛苦。痛苦积累多了,远多于快乐,那么即便孩子以前觉得学习是快乐的,现在可能也会觉得学习变成了一种痛苦的负担了。

所以当孩子感受到有压力或者困难时,父母要做的,不是告诉孩子"学习本身就是痛苦的",这样只会把压力全部推给孩子,而是应该想尽一切办法帮助孩子先放松下来,然后慢慢引导孩子去解决问题,帮助孩子消化和应对。

深度陪伴工具

帮助孩子放松

帮助孩子放松,可以让孩子更有能力去应对学习的压力和困难。

1. 不要用成年人的能力标准去要求孩子。
2. 识别孩子的紧张、压力和疲惫。

多让孩子体验"有能力帮助别人"的感觉

"助人为乐"是一项美德，但是人性都有自私的一面，如果我们只是帮助别人，而对自己没有帮助，是不可能持久的。

实际上，助人就是助己。因为我们在帮助别人的过程中，会真切地体验到自己是有能力的，这份胜任感可以让我们确信自己的价值，"我是一个对别人有价值的人"。一个人感觉自己是有价值的，会让他更加自信，有更强的自尊心和成长意愿。

所以，想要增强孩子的胜任感，第二个深度陪伴工具就是"请求孩子帮助"。

但是，很多父母习惯了"我才是强者"的思维，突然让自己降下身段去向比自己还弱小的孩子求助，很难迈出第一步。

如果你是这样的父母，分享给你三个方法，可以让你更容易迈出"请求孩子帮助"的第一步：

第一，告诉自己，请求孩子帮助可以增强孩子的能力。

成年人的能力和力量不知道比孩子大多少。可是你不要忘了，我们深度陪伴孩子的最终目标是分离。总有一天雏鸟会变成大鸟离开鸟巢，总有一天孩子需要靠自己独立生活，总有一天我们作为父母会日渐衰老，衰老到连走路都步履蹒跚，还不如一个 2 岁的孩子。

所以，请求孩子帮助最重要的价值，是增强孩子的能力，而不是彰显现在谁更有能力。

如果你是公司的一位管理人员，你一定知道，哪怕下属的能力不如你，你也要授权让他们去锻炼，这样才有可能培养出比自己还厉害、能够给团队带来更大价值的员工。

第二，提醒自己，把一些自己能做的事情拿出来请求孩子帮助。

作为父母，最难做到的就是，明明这件事情自己能 1 分钟就搞定，却要让孩子来做，结果孩子半个小时还做不好，最后自己还要再花半个小时帮孩子收拾烂摊子。

确实，从做事的效率来讲，这简直是一个差得不能再差的决策。不过要提醒一下自己，这样做不是为了现在，而是为了将来。

二宝雄雄从刚会走开始，我就请他帮我做一些事情，比如扔自己的尿不湿，帮我把快递拿过来，买了菜之后帮我拿菜。虽然每次我都要额外花时间去等他，但是现在 2 岁多的雄雄已经成长到真的可以帮我很多忙了。

现在的你很有能力，做事很高效，但是未来当你的能力衰退时，孩子如何在这个社会上立足呢？

所以，哪怕你明明会做，也做得比孩子好很多、快很多，也要尽可能分出来请求孩子帮助。

第三，告诉自己，请求孩子帮助可以解放自己的时间。

我的深度陪伴学员苏珊曾经分享过她成功运用"请求孩子帮助"的方法去解决她们家两个孩子之间争吵，并且解放了自己时间的一次经历：

午饭时间，兄弟俩为了抢一个黄色的零食盒又吵了起来。哥哥先拿了一个黄色的零食盒，弟弟也跟着要去拿一个，但是只剩下粉色和蓝色的，他不喜欢，只想要哥哥那个黄色的，所以，就哭闹着要哥哥给他。哥哥也非常坚持，怎么说都不肯和弟弟交换，弟弟又是很固执的性子，他喜欢的东西就一定要得到。怎么办？

闹了半天没个结果，把我都说累了。我开始思考，怎么才能更轻松地解决这个问题呢？

我想起了 Maggie 老师课堂上分享的"请求孩子帮助"这个方法，这正是一个好的练习机会。我试着和哥哥说："哥哥，你能帮我哄下弟弟吗？妈妈要赶去做饭了。"哥哥没搭理我。我又继续说："哥哥，你能不能想出一个人人受益、无人受损的方法？你看，再吵下去，妈妈肯定情绪要崩溃了。弟弟也一直哭，妈妈很需要你的帮助。"哥哥被打动了，动脑想了一下，然后跟弟弟说："弟弟，这样吧，我借你玩一分钟，然后你就还给我好不好？"弟弟听了很开心地接受了。

不得不说，孩子最了解孩子，哥哥想的这个方法我都没有想到，两个孩子之间的争吵顺利解决，两个人又开心地一起玩了。

很多家庭都是妈妈陪孩子的时间多一些，但妈妈不是超人，平时多"请求孩子帮助"，既能给孩子一些提升胜任感的机会，又能解放自己的时间，何乐而不为呢？

> **深度陪伴工具**
>
> **请求孩子帮助**
>
> 多"请求孩子帮助",既能帮助孩子提升胜任感,又能解放自己的时间。
>
> 1. 告诉自己,请求孩子帮助可以增强孩子的能力。
> 2. 提醒自己,把一些自己能做的事情拿出来请求孩子帮助。
> 3. 告诉自己,请求孩子帮助可以解放自己的时间。

孩子做得不好时,也值得鼓励

人人都喜欢被夸奖、被鼓励,但是当自己成为父母后,对待孩子时,又很容易产生一种错误的认知,那就是担心夸孩子太多,孩子会被夸飘了。

所以跟孩子相处时,鼓励的言辞总是能少则少。甚至明明孩子做得很好,也要鸡蛋里挑骨头,找到孩子做得不好的地方,提出建议或批评。如果孩子做得不好,那就更加觉得没有什么值得鼓励的了。

我们先不看这个做法为什么不正确,我想告诉大家的是,我们要的结果是,孩子学习有内驱力,有胜任感。

试想一下,孩子想尽他所能做到最好,结果失败了,如果这时大人只看结果,而不去看孩子努力的过程,不去鼓励孩子,而是批评孩子,久而久之，孩子还会有胜任感吗？

可能有人会说，孩子就是因为努力不够才没有做好，所以要提出批评让孩子更加努力。那么，让孩子觉得自己做不好这件事和让孩子觉得自己已经有一些能力能做好这件事相比，哪个更能增强孩子的胜任感呢？答案一定是后者。

所以，想要增强孩子的胜任感，第三个深度陪伴工具就是"有效鼓励"。即便孩子做得不好，也有可以鼓励的地方。

具体怎么做才能让"有效鼓励"真正滋养孩子，提升孩子的胜任感，而又不用担心孩子被夸飘呢？或者当孩子什么都做不好时，如何运用"有效鼓励"去提升孩子的胜任感呢？

第一，转变思维模式，从盯结果切换到关注孩子行动的整个过程。

很多父母找不到鼓励孩子的切入点，是因为他们一直盯着结果看，认为只要孩子没有满足父母的期待，就不值得鼓励。

如果我们把这种只盯着结果的思维模式切换一下，转而关注孩子行动的整个过程，我们就会发现，不论孩子做得好还是不好，都有值得鼓励的地方。

第二，如果结果不理想，就鼓励孩子的进步。

如果结果不理想，那我们就去看孩子是不是比上次有进步，鼓励他的进步。比如我们可以对孩子说："妈妈看到你这次写字比上次工整很多。"

第四章　A意愿，培养有内驱力的孩子

有一次乐乐抄写英语句子和单词，他自己想出来一个游戏，让我在他完成抄写之后，给他的抄写评分。

抄写的过程中，因为我提醒了他的坐姿，所以他有很大的情绪，结果写得很敷衍。看着那很敷衍的两页抄写，我开始犯难了，怎么打分才能既反映出真实的问题，又能鼓励乐乐呢？思考了一下后，我是这样跟乐乐讲的。

我：今天妈妈要先给你一个创意分，你觉得抄写很无聊，于是主动想出了一个游戏让妈妈跟你一起玩，这个打20分。

我：关于书写，你看你明明有50分的水平，今天怎么只发挥出来10分呢？你说妈妈是应该给你50分，还是10分呢？

乐乐：（很不好意思）那就给我10分吧。

我：书写过程中，妈妈提醒了你的坐姿，你有情绪，但是没有直接表达出来，而是一边生闷气一边做作业，所以今天的情绪分不高，妈妈只能给你打5分。

我：不过后面你认识到自己的情绪问题，知错就改，妈妈要给你打一个知错就改分，这个可以打20分。

我：另外，今天妈妈还要给你一个加分项。虽然你今天发了脾气，抄写也没有发挥出真实水平，但是你很愿意去面对这些问题，能够真实面对自己的问题，这一点特别难得，妈妈要给你加50分。

乐乐：妈妈，那我今天总共多少分？

我：105 分。

乐乐：满分多少？

我：没上限。

乐乐看到我写下 105 分，特别开心。

所以，即便孩子没有做出父母期待的结果，只要我们时刻把注意力放在孩子进步的地方，哪怕进步只有很微弱的 0.00001，也是有效鼓励的切入点。

第三，如果孩子没有进步，就鼓励他的努力。

如果孩子没有进步，那我们可以去看，孩子有没有付出努力，去鼓励他的努力。

孩子行动和不行动，哪个值得鼓励呢？当然要鼓励孩子行动。所以只要孩子在行动，就是在努力，就值得被鼓励。我们可以对孩子说："妈妈看到你一直在努力做，再难也没有放弃。"我们还可以看孩子有没有认真的态度，鼓励他的态度，可以对孩子说："虽然这次考试分数不理想，但是妈妈看到你从头到尾都很认真地对待这次考试。"

我们还可以对孩子说："虽然今天作业还是没有在规定的时间内完成，但是你一直在做作业，也没有出去玩，你在用行动一点点靠近自己的目标，这本身就值得鼓励。接下来，我们只需要一起来看看有哪些地方可以优化一下。"

第四，如果孩子态度敷衍，就鼓励他有一个好的初衷或动机。

如果孩子的态度也很敷衍，那我们还可以看，行动之前，他是不是有一个好的初衷或者动机。如果有，就鼓励他的初衷或者动机，比如对孩子说："虽然这次考试分数不理想，但妈妈知道，你非常想要考好。"

孩子在父母每一次的有效鼓励中，会慢慢变得越来越确信"我是想做好的""我曾付出努力想做好""我是有能力去做好的"，这份胜任感最终会给他带来越来越好的结果。

深度陪伴工具

有效鼓励

父母给予孩子有效鼓励，孩子会越来越确信自己是能做好的，这份胜任感会给他带来越来越好的结果。

1. 转变思维模式，从盯结果切换到关注孩子行动的整个过程。
2. 如果结果不理想，就鼓励孩子的进步。
3. 如果孩子没有进步，就鼓励他的努力。
4. 如果孩子态度敷衍，就鼓励他有一个好的初衷或动机。

降低难度，每个孩子都能做好

大部分父母对孩子都有着高期待，高期待的背后自然会有高要求。

看到别人家孩子 2 岁都读了 100 本绘本，就会希望自己的孩子能读 200 本；看到别人家孩子 5 岁就能认很多字了，就会希望自己的孩子认更多的字；看到别人家孩子除了做作业之外还要做一张父母布置的试卷，就给自己的孩子两张试卷。

本来，父母高要求的背后是希望孩子的能力变得更强，结果却往往恰恰相反，孩子可能不仅能力没有增强，学习的内驱力反而日趋下降。

这是为什么呢？

因为要求越多，要求越高，对孩子来说难度就越大，胜任感也就越低，当然学习内驱力就越来越下降了。

所以，想要提升孩子的胜任感，第四个深度陪伴工具就是"降低难度"。

怎么做才能帮助孩子降低学习的难度呢？有些父母可能认为，孩子的学习难度相比其他孩子已经很低了，但是仍然做不好，这种情况下又该怎么降低难度呢？

第一，把任务进行更细的拆分。

降低难度意味着要把任务进行更细的拆分。这就好比刻度尺上的 0 到 1 毫米。很多人会问，1 毫米已经是刻度尺上最小的刻度了，还有更小的吗？其实有，我们还可以细分成，1 毫米的 1/10，1/100，只要你有心，可以无限细分。

第二，给孩子换一个更容易的工具。

有一天晚上乐乐奶奶给 1 岁多的雄雄喂面条,雄雄一边吃一边要玩各种玩具。乐乐奶奶发出无奈的叹息:"怎么现在吃饭要玩玩具呢?"

听到乐乐奶奶这样说,我也觉得很奇怪。因为我们家一直没有让孩子一边吃饭一边玩玩具的习惯。

而且这个习惯一旦养成,后患无穷,尤其是对雄雄这种"想要什么就一定要到,否则就很难安抚"的孩子,如果前面的习惯没养好,后面再纠正就太难了。

我观察了 1 分钟,终于发现了问题所在。

原来乐乐奶奶没有给雄雄勺子让他自己吃饭,雄雄没什么事可做,就总想要玩点儿什么。

我:妈,你没给他勺子让他自己吃饭,所以他才想要玩具。

乐乐奶奶:我给他勺子了,但是他一会儿就扔地上了,不要。

听起来,乐乐奶奶说的也是事实。

我尝试又给了雄雄一次勺子,我发现,他会试着去舀碗里面的面条,但是舀不起来,然后就没耐心了,直接扔掉。原来如此,因为他没有舀成功,没有成就感。

我拿了一把叉子递给雄雄,拿着他的手,教他用叉子把面条舀起来送嘴里。

他享受到了成就感,马上就对自己吃面特别有兴趣,很快自己一个人就可以把面条舀起来吃了。虽然每次只能舀起来一点点,甚至有时候只能舀起来一小片菜叶,但是这种成就感足以驱使他不停地去尝试。有了自己可以做的事情,而且还特别有成就感,雄雄完全没有再提要玩玩具的事情。

这件事情,看起来是孩子吃饭要玩玩具这样一个习惯不好的问题,但背后的真相,却是大人没有给孩子动手做自己力所能及的事情的机会。再深入一层去看,其实是因为孩子自己尝试了但是没有成就感,所以直接放弃的问题。当我帮雄雄把勺子换成了叉子,帮助雄雄"降低难度",雄雄很快就享受到了胜任感,所以马上就提升了自己吃饭的意愿,同时也就降低了玩玩具的意愿,因为自己吃饭的胜任感更大。

第三,难度降低的程度以孩子有动力去做为准。

到底要降低到什么难度,其实没有标准答案。以学跳绳为例,有些孩子只需要把难度降低到每天跳 10 个就可以了,但是有些孩子可能需要把难度降到能跳过去 1 个才可以。还有一些孩子可能需要把难度降到不拿绳子原地跳 10 下,因为他根本跳不过去,只有降低到这样的程度才能激发他愿意去学习跳绳的动力。我在第五章"拆解目标"这个工具里面详细分享了我陪伴乐乐从不会跳绳到全年级跳绳得奖的过程。

我们可以去回想一下平时孩子不愿意做的那些事情,就会发现很多都是因为孩子遇到了困难,而且那个困难超出了他自己能够解决的能力范围。这个时候你有没有去帮助孩子"降低难度"呢?其实,只需要做一个小小的改变,把难度适当降低,就能更容易让孩子获得胜任感,这样孩子的内驱力也会随之而来。

第四章 A 意愿，培养有内驱力的孩子

深度陪伴工具

降低难度

把难度适当降低，孩子更容易获得胜任感。

1. 把任务进行更细的拆分。
2. 给孩子换一个更容易的工具。
3. 难度降低的程度以孩子有动力去做为准。

自主感：激励孩子自发去做

回想自己的人生，我其实走过很多弯路。通过和父母想要安排我的人生不断抗争，终于拿回了自己的人生主动权。哪怕走了一些弯路，我还是对现在的工作生活都很满意。

我的父亲是老师，他一直希望我当老师，但是我不喜欢，所以当年填写高考志愿的时候，我故意屏蔽掉一切可能毕业后会当老师的专业。结果兜兜转转，现在的我还是成了一名老师，只不过不是站在三尺讲台上给孩子上课的老师，而是在互联网上，给千万妈妈讲深度陪伴的老师。

我走过的弯路证明，其实父亲的建议我是可以听的，只是当年的我，把所有的注意力都放在"我要拿回自己的人生主动权，我要按照自己的想法去过一生"上，哪里听得进去呢？

我想，不光是我，正在阅读这本书的你可能也有过类似的经历。

所以，我也希望更多的父母能够重视孩子自主感的培养，**让孩子从小就能拿到自己的人生主动权，这样他们才不会为了和父母抗争而故意不去做某件事情，甚至故意不去做明明他们有能力做得很好的事情**，那真的是太可惜了。

接下来将分享五个增强孩子"自主感"的深度陪伴工具和方法,帮助父母提升孩子学习的内驱力。

让孩子自己体验前面的"坑",他才有意愿去改变

每一位爱孩子的父母都希望自己的人生经验能够变成孩子的垫脚石和起跑线,所以自己看到前面有个坑,就希望自己的孩子能够完美地避开。

但是,孩子却不领情,他们往往会不听父母劝,义无反顾地往坑里跳。

这是为什么呢?为什么我们明明为了孩子好,孩子却不愿意听呢?

这是因为每个人的人生都得自己亲自走一遍,没有任何人可以代替。我们之所以知道前面有坑,是因为我们亲自走过、体验过。如果我们的父母只是言语上告诉我们这些大道理,不给我们体验的机会,我们也不会知道。

所以,你的孩子跟你一样,**你再为他好,他该走的弯路、该跳的坑,还得亲自去走、亲自去跳,因为这是他的人生,他拥有完全的自主权。大道理永远无法成为孩子人生的垫脚石和起跑线,体验才能。**只有当孩子自己体验过了,他才会觉得这是自己闯出来的路,自己悟出来的道理,才会有一种"人生由我"的自主感。

所以,想要提升孩子的自主感,第一个深度陪伴工具就是"**用体验代替大道理**"。

对于习惯了跟孩子讲大道理的父母，如何做才能放下脱口而出的大道理，尽可能给孩子机会去体验呢？

第一，允许自己讲大道理，也允许孩子去体验。

有一天傍晚，乐乐骑着自行车跟我一起散步，骑到一个地方，有一个水坑，旁边还有很多泥沙。我对乐乐说："乐乐，你不要骑到那个地方去了，不然鞋子很容易打湿。"

谁知道，乐乐听完我的话，反而对那个水坑产生了浓厚的兴趣，他故意一遍又一遍地在那个水坑里骑来骑去，一边骑还一边开心地冲我喊："妈妈，在水里骑车好爽啊！"

突然，乐乐喊了一声，我一看，自行车不小心卡在水里的泥沙里了，乐乐一只脚没在水里，整只鞋子都弄湿了。刚才还一脸兴奋的乐乐，马上哭丧着脸跟我说："糟糕，妈妈，我的鞋子全部打湿了，我要回去换鞋子了。"

那一刻，他是真的体会到了我一开始提醒他的那个"鞋子会打湿"的大道理，只不过这个道理不是我教给他的，而是他自己体验到的。我突然觉得很好笑，我为什么要去跟他讲道理？我为什么要去提醒他？孩子根本都不会听道理的，他们只喜欢体验。同时我也相信，以后他再在水坑附近骑车时，一定会小心谨慎，不让自己的鞋子被水打湿了，因为他实在不喜欢鞋子被打湿的感觉。

你看，我也是允许自己对孩子讲大道理之后，才体验到孩子是根本不听大道理的，所以下次我就不会再说了。因为我允许了孩子按照他自己的想法去体验，没有责备他，所以孩子体验到了被打湿的不好感受，下次也会注意不去踩坑了。

因此，如果你是一位喜欢讲大道理的妈妈，没关系，先允许自己讲大道理，但记得同时也要允许孩子去体验。

第二，告诉自己，有时让孩子往坑里跳才是捷径。

有时候，眼睁睁看着孩子往坑里跳，反而是让孩子未来的人生少踩坑的捷径。

雄雄不到 2 岁时，有一天，乐乐突然对我说："妈妈，我觉得你现在陪弟弟的时间比陪我多，我也需要你的陪伴。"

我很惊讶。

我：不是妈妈不陪你，之前不是你说，你不需要妈妈的陪伴吗？你说你现在最喜欢跟同学、朋友在一起玩，你觉得朋友比爸爸妈妈更重要，而且你还经常对我说，你喜欢自己一个人，让我不要打扰你。所以妈妈就尊重你的想法了。

乐乐：我是喜欢跟同学一起玩，我看书、做作业时是不喜欢被打扰，但是我发现我也需要你的陪伴。

我：妈妈也很想多跟你待会儿呀，可是每天晚上妈妈下班回到家，你都在做作业。等你做完作业，我也要陪弟弟睡觉了，所以我们总是没有交集，那怎么办呀？

乐乐：那我就在放学前，在学校把作业写完。

我：这个能做到吗？

乐乐：能。

我：好呀，如果你能这样安排，那妈妈就早点下班，多一点时间陪你，好不好？

乐乐：好。

其实乐乐的作业 1 个小时就能完成，所以学校的 2 节课后延时班他是有足够的时间去完成作业的。

但是，他经常会把延时班的时间用来看书或者做其他事情，然后回到家再赶作业。虽然每天晚上 9 点睡觉之前作业都能做完，但是晚上就没有太多时间玩了。

不过这是他的选择，我也没有干预，毕竟他自己觉得挺好就好。时间的安排，作业的安排，他才是主体，我只是配角。

但是我没有想到，突然有一天，他自己会因为想要妈妈多一些的陪伴，主动提出放学前写完作业。

如果我在乐乐说"妈妈，我觉得朋友比父母更重要"时，强行去纠正他"家人才是你永远的港湾"；如果我在乐乐说"我喜欢一个人，你不要打扰我"时，强行去纠正他"我是你的妈妈，我要尽到我的责任，所以作业我必须得盯着你做完我才能放心"，我想，乐乐就没有机会体验到，原来即便有好朋友、即便有那么多好的书籍、有趣的游戏，但他还是需要妈妈的陪伴，他也不可能为了这份陪伴，自愿提出在学校就完成所有作业的建议了。

体验是人性使然。

其实想想我们自己，也是一样的。健康专家和医生们都跟我们讲了很多大道理，熬夜不好，要早点睡觉，可是我们还是忍不住要熬夜。直到有一天身体出现了问题，免疫力降低了，生病了，我们才会真正开始改变生活方式，才会真正开始早睡早起。

所以，在陪伴孩子的过程中，要多给孩子一些体验的机会，体验之后他才会更有意愿去改变。因为体验是孩子自己掌握主导权，而讲大道理是父母在掌握主导权。

而且越早给孩子越多的机会去体验，孩子就能越早领悟父母想要传递给他的那些道理。

当然，大家现在听我讲的其实就是"大道理"，如果你没有体验，也很难做到在陪伴孩子的过程中，用体验代替大道理。所以，从今天开始，一定要把这些大道理用起来，在用的过程中去体验深度陪伴带给你和孩子的滋养。

深度陪伴工具

用体验代替大道理

多给孩子一些体验的机会，体验之后他会更有意愿去改变。

1. 允许自己讲大道理，也允许孩子去体验。
2. 告诉自己，有时让孩子往坑里跳才是捷径。

给孩子选择权，孩子才知道他永远都可以选择

不知道你是否有过这样的体验，觉得自己已经尽力了，结果却还是这么糟糕，真的没办法了，没有选择了。这种丧气又无奈的感觉，很拉低一个人的能量。

我也曾经有过这样的感觉，但是当我重新站起来，重新选择接下来的行动，走出困境时，我才发现，在那个丧气又无奈的当下，困住我的，不是没有办法，没有选择，而是我误以为我没有选择。

当我误以为我没有选择时，便觉得无法掌控自己的人生，只能听天由命了，一丁点儿站起来的动力都没有了，完全失去了内驱力。

孩子也是这样，如果我们让孩子觉得他在学习上无法选择，让孩子觉得他没有人生的掌控权，那么孩子也将会失去学习的内驱力。

所以，想要提升孩子的自主感，第二个深度陪伴工具就是"给孩子选择权"。

但是，有些父母总会担心，万一让孩子选择要不要做作业，孩子选择不写怎么办？万一孩子的选择会给他带来危险或者伤害怎么办？万一孩子做了一个非常错误的决定怎么办？

这些都是我们在践行"让孩子选择"这个工具时，父母常见的障碍，因为这些障碍，很多父母始终不敢让孩子自己选择，或者给了孩子选择权，然后中途又收回了。

我们到底应该怎么"给孩子选择权"呢？

第一，不会对孩子造成伤害或者危险的事情，让孩子自己选择。

作为父母，保护孩子的身心安全肯定是第一位的。比如孩子说，"我就要横穿马路"，那当然不能让孩子选择。因为作为孩子的监护人，父母的首要责任是保证孩子的身心安全，不能让孩子置身于危险的处境。除了危险的事情外，可以让孩子从小就自己做选择。

但是很多父母会习惯性地限制孩子，其实是因为自己怕麻烦或者认为自己的建议对孩子更好。

有一天早上我带2岁半的雄雄出门，雄雄想把他好几辆大型玩具车都带出去，装了满满一袋子，很重。

在我看来，带这么多玩具车真的没必要，也没那么多时间玩，而且很重，孩子根本就拎不动。

但我最终还是尊重了雄雄的选择，让雄雄自己拎着很重的一袋子玩具车出门。

出门才走一小会儿，雄雄就说："太重了，宝宝拎不动，妈妈拎。"

我说："刚才妈妈说了，妈妈也拎不动，那这样吧，咱们一起拎。"

然后我把一边的手提带给他，我们一起拎着走了。

这样做的好处是，既满足了孩子的需求（要带一袋子玩具出门，而且要自己拎），又让孩子体验到了自己能力的局限性（太重了），还让孩子体验到了，自己有困难时，总会有人愿意帮助他（我愿意分担一半重量），同时，还让孩子养成了自我负责的好习惯（雄雄自己负担了一半的重量）。

如果我强迫雄雄放弃带那一大袋子玩具车出门，那么雄雄就无法感受到自己能力的局限性，也无法体验自我负责的成就感，也会因为需求总是得不到满足，而失去很宝贵的自主感。

第二，可能会有危险的事情，让孩子自己选择的同时，父母暗中保护。

二宝雄雄才不到 9 个月时，就会去爬柜子，可能会出现他抓不稳掉下来的情况，所以我让他按照自己的选择去做的同时，会在旁边悄悄保护他，确保他的安全。而不是干脆禁止他爬柜子，因为爬柜子本身也是在锻炼孩子的大运动能力和力量。

雄雄很喜欢在家里翻箱倒柜，可能会夹到手，也可能会有一些锋利的东西伤到他。我的做法是允许他翻箱倒柜，但是我会把刀子、剪刀这些利器先收起来，他玩的时候，家里也会有人在旁边看着，注意他不要夹住手。他想玩螺丝刀这些工具的时候，也会让他玩，但是旁边仍然会有人看着他，保护他的安全，确保他不会受伤。而不是为了大人方便，干脆给抽屉加上锁扣，把家里的抽屉全部锁起来，让孩子不要去翻。

第三，重要的事情，可以把部分选择权交给孩子。

比如孩子学习这件事情，我们不可能一开始就让孩子选择要不要上学。如果孩子已经到了厌学的地步，那另当别论。

因为上不上学，是非常重要的事情，关系到孩子的一生。七八岁的孩子是没有足够的认知去决定要不要上学的。

但是，我们可以把这么重要的事情里面的部分选择权交给孩子。比如，问孩子想什么时候开始做作业，想先做哪门作业，想先做作业还是先玩，这些都可以交给孩子来选择。

第四章 A意愿，培养有内驱力的孩子

第四，其他事情，尽可能多地给孩子选择权。

除了刚才提到的三种情况，其他事情，父母要尽可能多地把选择权给孩子，不要担心孩子会滥用选择权。

乐乐小的时候，有一次乐爸给他洗澡，洗了一会儿，乐爸催乐乐起来。

乐乐不同意，对乐爸说："你不要说起来了。"

乐爸开始妥协："那2分钟后就要起来了。"

乐乐不同意，继续抗议："你不要说2分钟后就起来了。"

乐爸沉默了5秒，问乐乐："那你说要几分钟起来？"

乐乐脱口而出："我要3分钟。"

乐爸回答："好。"

我在浴室外听到他们的对话忍不住笑了起来，很多时候我们觉得孩子故意跟我们作对，其实孩子争的不是多一分钟少一分钟的事，他们争的是自主权。相信我，一个需求得到足够满足的孩子，一个有过足够自主机会的孩子，他们是不会提出太离谱的需求的。

有一次早上出门前我给乐乐洗澡，乐乐洗完澡后，就裹着浴巾躺在床上，半天也不穿衣服。我问他为什么不穿衣服，乐乐说："妈妈我在唱歌。"我开始给他建议："那可以边穿衣服边唱歌吗？"乐乐回答："不可以，因为那样唱歌就会'抖'。"

我说："这样啊，那真是没法同时做呢。"接着我说："乐乐，你知道吗？穿不穿衣服都是你的选择，你可以选择穿衣服，也可以选择不穿衣服。

175

如果你选择现在穿好衣服，待会儿就会发现我们出门一点也不匆忙了；如果你选择现在继续躺在床上，待会儿会发现我们就要匆匆忙忙地出门。想要什么样的结果，完全由你来决定。"

乐乐听完我的话，马上就开始穿衣服了，而且很快就穿好了。等他穿好之后，我问乐乐："穿衣服是你的选择还是妈妈的选择？"乐乐非常骄傲地回答："是我的选择。"

前一秒还在故意跟你对着干的孩子，下一秒就干脆利落地行动起来了，"让孩子自己选择"就像魔法一样神奇，因为每个孩子都想要"我能够自己做主"的感觉。

深度陪伴工具

给孩子选择权

给孩子选择权能让孩子体验到"我能够自己做主"的感觉，孩子会更愿意行动起来。

1. 不会对孩子造成伤害或者危险的事情，让孩子自己选择。
2. 可能会有危险的事情，让孩子自己选择的同时，父母暗中保护。
3. 重要的事情，可以把部分选择权交给孩子。
4. 其他事情，尽可能多地给孩子选择权。

孩子不想做作业，用梦想激发孩子的热情

孩子上了小学之后，作业就成了父母非常头疼的事情。尤其是上了高年级，学业压力增大，玩的时间变少，不想做作业的孩子越来越多。

父母总想着通过催促、唠叨、惩罚、奖励等方式来激发孩子做作业的意愿。刚开始可能有用，但时间久了，孩子就会对父母这些惯用伎俩"免疫"了：父母的催促和唠叨就当作没听见，对待父母的惩罚也麻木了，父母的奖励也没有吸引力了。

但是我们会发现，当孩子打喜欢的游戏，玩喜欢的奥特曼卡牌，搭喜欢的乐高，看喜欢的书时，一点儿都不需要父母提醒，孩子脑子里时刻都记得这些，一有时间准会去玩。

这是为什么呢？

难道仅仅是因为做作业没有刚才提到的这些游戏好玩吗？

不是！就拿看书这件事来说，有的孩子对书特别喜欢、特别着迷，但是对有的孩子来说就很痛苦。喜欢看书的孩子，是因为他们的喜欢是由内而外的，而不是通过父母外部施压和管制才喜欢的。

到了高年级，我们会发现，有的孩子还会对研究数学、物理难题特别着迷，甚至对参加奥数比赛乐此不疲。比如我们熟知的北大数学天才韦东奕，还有我身边最熟悉的乐爸，就是对数学特别着迷，特别喜欢挑战难题。孩子对数学的喜欢也是由内而外的，不是由外而内的。

所以，让孩子自己产生"我想要做作业"的自主感，才是激发孩子做作业热情的最好方法。

对于普通孩子来说，可能未必在某个学科上那么有天分，学起来那么轻松，那么如何才能让普通孩子在做作业这件事情上也能产生自主感呢？答案就是"激发孩子的梦想"。

因为每个孩子从小就会有很多对未来的向往，只要父母不去打压、否定，这些对未来的向往往大了说就是梦想。梦想会激励孩子不断努力、迎接挑战、克服困难，因为孩子知道，这是他想做的事情，不是父母逼他去做的。

所以，想要提升孩子学习的"自主感"，第三个深度陪伴工具就是"激发孩子的梦想"。

如何激发孩子的梦想呢？

第一，通过孩子的喜好去激发孩子的梦想。

即便孩子不知道他未来想做什么，他也一定有一些自己的喜好。这些喜好可以是孩子报的兴趣班，也可以是孩子想要成为什么样的人。从孩子的喜好入手，更容易找到孩子的梦想。

因为每一个喜好后面都有很多的社会角色，也就是我们成年人从事的各种职业。比如一个孩子喜欢吃糖，那就有可能成为"糖果品尝师"；如果一个孩子喜欢玩游戏，那就有可能成为"游戏设计师"或者"游戏测试员"。

即便孩子暂时还不知道自己具体要成为什么角色，只要他有一个大概的方向就可以，不用太严苛。

也许这些梦想有一天会发生变化，甚至孩子长大后从事的事情跟童年的梦想无关，那也没有关系。

有一次寒假刚放假，我带乐乐去公司上班，我工作，他做作业。下班的时候，我发现，他当天计划的寒假作业才做了一点点。

我：为什么你早上出门的时候答应了妈妈要做作业，但是妈妈下班了你还有好多都没完成呢？

乐乐：我不喜欢写这些作业，如果可以不用做作业，或者有好玩的作业就好了。

我：乐乐，你以后想成为一个什么样的人呀？比如你想成为一个引领者，还是参与者或者追随者？

乐乐：引领者。

我提这个问题，就是因为我想要通过帮助乐乐确定他想要成为什么样的身份，来激发他主动做作业的意愿。成为"引领者"就是这个年龄的乐乐的梦想。

第二，帮助孩子看到他已经具备的对梦想有帮助的能力。

确定了乐乐想要成为"引领者"这样一个身份后，我开始通过提问去帮助乐乐看到他已经具备的对梦想有帮助的能力。

我：好，那妈妈问你，如果我倡导要深度陪伴孩子，但是我自己都不陪伴自己的孩子，你觉得我能成为一个引领者吗？

乐乐：不能。

我：所以，如果你想当引领者，那就意味着要更加自律，要肩负更大的责任感。给你举个妈妈的例子，妈妈第一本书还没有出版之前，每天早上5点钟就起床写公众号文章。冬天的时候，天都是黑的，早上很冷。妈妈从5点写到7点，然后我要叫你起床、洗漱、吃饭，再去上班。晚上9点把你哄睡以后，妈妈继续写，写到11点多才睡。我也不想早上那么早起床，我也想多睡一会儿呀，可是妈妈为什么要早起呢？

乐乐：因为你有追求，你要以身作则，你要通过写文章让大家明白你的理念。

我：对，我要通过写文章去传递深度陪伴的育儿理念。如果我自己内心知道，可是我从来不去分享，不去传递，你说我能帮到别人吗？我能成为引领者吗？

乐乐：不能。

我：妈妈以前跟你分享过查理·芒格说过的一句话，这句话非常经典：你想得到什么，最好让自己能够配得上拥有它。这个跟引领者是一样的。你想成为引领者，那你有没有让自己匹配上引领者这个身份的能力呢？想想看？

乐乐：有一半。

我：你觉得你现在哪些能力匹配上了，哪些还没有呢？

乐乐：学习能力。

我：学习能力匹配上了，还有吗？

乐乐：表达能力。

我：表达能力，还有呢？

……

当然，这个年龄的孩子肯定能力还非常欠缺，但是我们一定要帮助孩子把注意力放在他已经具备的对梦想有帮助的能力上，而不是总关注那些还不具备的能力。

在前面关于"胜任感"的章节我们讲过，只有当孩子感觉我有能力实现梦想的时候，孩子才会有更大的内驱力。

第三，帮助孩子找到实现梦想的路径。

梦想很吸引人，但是如果没有一条通往梦想的路径，那么孩子也就是三分钟热情，很快就会把梦想丢到脑后了。

所以光有梦想，光具备能力，还不够，还需要有具体的路径，孩子才知道如何一步步脚踏实地地去学习、行动，从而实现自己的梦想。

我继续跟乐乐聊：

我：哇，今天妈妈跟你聊天收获很大，没想到你不到10岁，自己已经有这么深度的思考了，今天你跟妈妈聊天有什么收获吗？

乐乐：我觉得我已经构建好了我未来的前程和蓝图。

我：还有吗？

……

我：假设自信值满分是100分，你觉得你可以实现你未来蓝图的自信值是多少分呢？

乐乐：70 分。

我：那你觉得剩下的 30 分可以如何增强呢？

乐乐：第一，发挥我的引领能力。

我：那你会如何发挥你的引领力呢？比如有的人是展现自我的力量，觉得自己很厉害，别人不听自己的，就会有他的好看。这样也可以成为引领者，但是这样的引领者是通过压迫别人实现的，别人会反抗的。还有一种引领者是，自己有好多好玩的游戏，邀请别人一起玩，可以带给别人快乐开心。

乐乐：我就是后面这种。

我：还有一些引领者是学习能力特别强，是学霸，如果别人经常跟他玩，别人的学习也不会差。

乐乐：这也是我的优势。

我：还有一些引领者是家里很有钱，天天请别人吃东西，跟着他，别人的吃喝他都包了，这样也可以成为引领者。

乐乐：这种不好。

我：对，一旦没钱了，别人就走了。还有一种是打游戏很厉害，家里有很多游戏机，到他家里可以随便玩。

乐乐：这种也不要。

我：有很多种成为引领者的方式，看你的优势是什么，你就选择什么。

乐乐：我选快乐和学习。

我：你刚才说你有些不喜欢现在的学习方式和作业方式，现在你感觉有什么变化吗？

乐乐：之前我觉得寒假作业很难，现在我觉得寒假作业还是有必要做的。

我：还有吗？

乐乐：心情变轻松了。

通过跟乐乐沟通，我帮助乐乐意识到，他可以不断发挥自己快乐和学习的优势，去达成自己成为引领者的目标，这样就有了具体的路径，他的行动力自然就起来了。

所以跟乐乐聊完天之后，乐乐对待寒假作业的态度就完全不一样了，两周不到，乐乐的寒假作业就基本完成了。

如果不是跟乐乐聊天，我可能永远都不知道，他对自己的了解是如此清晰，他对自己的未来有着如此高的期待和蓝图。

我们大人总觉得孩子还小，什么都不懂，但是我们忽略了在这个资讯空前发达的时代，孩子有 N 种方式去获取信息，他们对信息的获取能力和加工内化能力，远比我们这一代强。

也因此，他们会更早地思考人生的意义，更早地思考自己的未来要去往哪里。作为父母，这个时候就可以发挥优势，引导孩子思考他们想要成为怎样的人，并且通过哪种路径去达成。孩子自然就会发现，学习一定是实现梦想的核心要素，并且他可以自己决定要如何去学习以实现自己的梦想。<u>一旦激发了孩子的梦想，孩子就能把学习变成他的自主选择。</u>因为是孩子自己想要做的事情，所以内驱力自然就有了。

> **深度陪伴工具**
>
> **激发孩子的梦想**
>
> 一旦激发了孩子的梦想，孩子就能把学习变成他们的自主选择。
>
> 1. 通过孩子的喜好去激发孩子的梦想。
> 2. 帮助孩子看到他已经具备的对梦想有帮助的能力。
> 3. 帮助孩子找到实现梦想的路径。

家有起床困难户，试试玩游戏

我小的时候，是出了名的起床困难户，但是现在的我，从来没有起床困难的问题。究其原因，是因为小的时候，父母每次叫我起床的方式都让人特别痛苦，所以我不想起床。

我记得在四川寒冷的冬天的早晨，父亲为了叫醒我起床，甚至会在我的脸上撒一些冰冷的淘米水。所以，回想起童年起床的场景，全部都是痛苦的回忆。

所以，在乐乐小时候我就想，千万不能让乐乐感觉起床是痛苦的，我要让乐乐感觉起床是开心的、幸福的，这样他才能养成自愿早起的习惯。

怎么才能让孩子感觉起床是开心的、幸福的呢？当然是跟孩子一起玩游戏。其实不光是起床这件事，任何事情，只要我们想要让孩子自发自愿地去做，用游戏的方式准没错，因为游戏是孩子的语言。

所以，想要提升孩子的自主感，第四个深度陪伴工具就是"游戏力"。

很多父母会觉得自己不会玩游戏，所以不知道怎么践行"游戏力"这个工具，这里有三个窍门：

第一，放下畏难心理，告诉自己，孩子对游戏的要求并不高。

很多父母觉得自己不是一个特别擅长玩的人，所以就认为自己不会设计适合孩子的游戏，其实不然。

我曾经也这么认为，但是当我有了孩子，当我开始创造出一个个乐乐特别喜欢并且会特别配合的游戏出来，我才知道，这些都是父母给自己设置的局限。

对孩子来说，他们更在乎的是父母是可亲近的，还是严肃冷漠的。父母愿意用游戏的方式跟孩子互动，就说明父母是可亲近的。而且因为游戏是孩子的语言，所以孩子会觉得你是懂他的。他们对游戏的要求本身并不高，哪怕是蹩脚的游戏，也比严肃的对话要好。

第二，把成年人的语言转换成孩子更易理解和更感兴趣的表达方式。

乐乐上幼儿园的时候，有一天早上起床时，他坐在床上好半天了连个衣服袖子都没有穿进去。以前没有那么冷的时候，我都是不管他的，但是那一天特别冷，那么冷的天气，连我都觉得受不了，真的很担心孩子会被冻到。但我知道，催促是没有任何用的，唯一管用的只有游戏。

我：乐乐，我们现在要发射火箭了，你想要成为一分钟就能发射出去的火箭，还是要 10 分钟才慢吞吞发射出去的火箭。

乐乐：我要 1 分钟就发射。

我：那我们得先抓紧穿上防护衣。

乐乐立马变成麻溜的状态，很快穿上了衣服。

我：还得赶紧穿上防护裤哦。

裤子也光速穿上了。

我：还有防护袜。

袜子也光速穿上了。

我：好啦，我们现在要进入外太空了。准备好了吗？

乐乐：准备好了。

我：门外就是外太空，咱们一起进入外太空看看是什么样的。

我带着乐乐走出卧室门，然后穿过客厅，来到洗手间。

我：我们马上要登陆火星了，登陆之前要先清洁一下身上的灰尘哦。先从脸部开始吧。

乐乐很快把脸也洗干净了。

我：还有牙齿也要清洁一下。

牙齿也刷好了。

我拿出护肤霜，递给乐乐。

我：现在我们要给小脸擦上一层隐形的防护罩，可以保护我们避免被外太空的紫外线伤害。

擦脸也是相当地配合，轻松搞定！

让孩子洗脸，是很多孩子都不想做的事情，但是我告诉乐乐，"我们马上要登陆火星了，登陆之前要先清洁一下身上的灰尘，先从脸部开始吧"。登陆火星、清洁身上的灰尘，是孩子能理解的语言并且是很感兴趣的事，所以乐乐自然就愿意去做了。

第三，带着玩的心态。

如果实在不知道跟孩子玩什么游戏能激发孩子做这件事情的内驱力，你只需要带着玩的心态跟孩子说"我们一起来玩洗脸游戏吧"即可。光是这样一个心态的改变，孩子的行为都会不一样。

这就是游戏的魔力。游戏是孩子的语言，没有孩子不喜欢游戏，只是每个阶段的孩子喜欢的游戏形式会有所区别。父母可以去观察孩子平时喜欢哪些东西，对哪些事情着迷，然后发挥你的智慧，把这些孩子喜欢的东西或者喜欢研究的事情融入你设计的游戏里面，孩子就会特别喜欢。

在乐乐小的时候，我就经常用游戏力去激发他的内驱力。乐乐上小学之后，当他做作业觉得有点枯燥时，我便会启发他去思考：你觉得有没有办法设计一个好玩的游戏机制，然后把你枯燥的作业变成一场游戏呢？乐乐自己就会时不时地想出一些好玩的游戏出来，然后用自己设计的游戏去激发自己做作业的热情，我这个偷懒的妈妈只需要引导他去思考就好了，多省心！

游戏是孩子的语言，它有一种魔力，可以让再不情愿做某件事的孩子也能不自觉地被吸引，从而愿意自发自主地行动起来。

深度陪伴工具

游戏力

游戏有一种让孩子自发行动的魔力。

1. 放下畏难心理，告诉自己，孩子对游戏的要求并不高。
2. 把成年人的语言转换成孩子更易理解和更感兴趣的表达方式。
3. 带着玩的心态。

抓住"哇"时刻，让孩子体验心流

父母在陪伴孩子的过程中，最习惯的方式就是用自己的节奏来带领孩子。

大家回想一下，孩子小的时候，还不太会表达自己的时候，我们带孩子出去玩，一般都是怎么做的？

是不是会不断地用手指着各种东西给孩子看？"宝贝，你看，这是蓝色的花朵""宝贝，你看，那里有一群天鹅""宝贝，你看，小鸟在找吃的"……

然后孩子的眼睛就会跟着我们手指的方向转来转去，去抓取我们试图想要让他看到的信息。

但是当孩子大一点后，你会发现，情况开始转变。当我们再用同样的方式去跟孩子沟通时，很多时候会失灵，孩子充耳不闻的情况经常发生。

为什么？

因为他们开始有自己的兴趣点了，也就是说，父母的关注点和孩子的关注点的差距越来越大了。

很多时候，父母想让孩子做某件事情，孩子不愿意做，其实并不是孩子真的不愿意做，而是在那个当下，父母的关注点在这件事情上，但是孩子的关注点不在这件事情上。

我记得有一次好不容易到周末了，我想带乐乐去科技馆玩，因为乐乐说了很久想要去科技馆。结果没想到，乐乐说不想去了，他想去动物园。乐乐难道不想去科技馆吗？不是，他只是在那一天不想去科技馆，因为那一天他的关注点在动物园上。

所以，如果我们想要让孩子自发自愿地学习，很重要的一点就是要抓住某个时间段孩子最关注的点。有时候，孩子突然就对某件事情产生关注了，可能上一秒他还不关注，但是下一秒就感兴趣了，这样的兴趣关注点可能转瞬即逝。

当孩子完全沉浸在自己感兴趣的事物上时，就是孩子的"哇"时刻。

这个时候，如果父母还想用自己的节奏去带领孩子，那么我们就会错过一次非常难得的机会去激发孩子的内驱力。因为在"哇"时刻，孩子本身已经对这件事情产生了浓厚的兴趣，而我们要做的仅仅是允许他去探索，给他提供支持，他就能实质性地迈出很大一步。

所以，如果想要提升孩子的自主感，第五个深度陪伴工具就是**抓住"哇"时刻**。

怎么做才能尽可能多地抓住孩子的"哇"时刻呢？

第一，观察孩子的反应。

如果你说的话孩子没有反应，或者眼神已经飘离，那很明显，这绝对不是孩子的"哇"时刻。但是如果你发现孩子讲话时，眼里闪着光，整个人都处在一种特别兴奋的状态，甚至有时候孩子会情不自禁地发出"哇"的声音，那这一定是孩子的"哇"时刻。

第二，第一时间提供支持。

孩子的"哇"时刻来得快去得也快，如果父母没有在第一时间支持孩子，这个兴趣点可能就会昙花一现。所以一旦我们捕捉到孩子的"哇"时刻，一定要第一时间提供支持。可以是专注地倾听，也可以是跟孩子一起探索他感兴趣的事物，甚至可以是带孩子去体验他好奇的东西。

有一天中午，我接乐乐放学回家。乐乐从看到我那一刻开始，就跟我聊他想要发明的"超能电动自行车"，中间好几次，我都想要把话题转到我关心的事情上。我问他："乐乐，你答应妈妈课间不看书去操场上玩，你今天课间去玩了吗？"乐乐当作没听见，继续跟我大谈特谈他的发明。

最后，我意识到，乐乐完全无心听我讲任何其他的事情，他百分百沉浸在自己发明创造的想法里面了。于是，我也就放下了我好奇的想法，安心地当起了听众。后来我发现，他并不是说说而已，而是已经有了很多具体的想法，比如他跟我讲了为什么想要制造全自动驾驶的自行车，为什么想要用水和泥巴当清洁能源，他甚至想到了这台电动车的成本会比较高，而且体积比较大，所以要怎么卖出去，要存放在哪里。他对很多细节都进行了思考，甚至中午吃完饭就迫不及待要开始找材料去制作。之后的那几天，他一有空就自己画图纸，还主动寻求爸爸的帮助，一门心思地琢磨怎么实现他的梦想。

我无法确定地告诉你，当我们真正能够看到孩子一个个"哇"时刻并且选择无条件支持他时，他的人生具体会有什么不一样。但是我可以很肯定地告诉你，这个孩子一定会是一个有过沉浸式心流体验、有过百分百满足的孩子。我认为，这些体验对一个人的一生都至关重要。而且这样的体验越多，孩子对自己生活的自主感就越强，那么他做事情的内驱力也会更强。

深度陪伴工具

抓住"哇"时刻

"哇"时刻可以带给孩子满满的心流体验，帮助孩子增强自主感和内驱力。

1. 观察孩子的反应。
2. 第一时间提供支持。

有条件的爱，造就虚假的独立和自律

小时候，我一直觉得自己是一个很独立、自律自主的人，我的学习从来不用父母操心。高中时，我所在的年级总共有 5 个班，每个班 50 个孩子。每次考试都会按照上一次考试的排名来给考生编号。全年级前 30 名会在第一考场，而我一直都引以为傲的是，我从来没出过第一考场。

结果有一次，我突然考到了全年级 50 多名，我完全不能接受这么差的成绩，觉得那简直是对我能力的侮辱。大哭一场之后，我开始发奋图强，努力学习，第二次马上就考到了全年级前 10 名，重新回到了年级的学霸圈。可以说，在整个高中时期，我都是顶着"别人家孩子"的光环过来的。

为什么我能这么自律呢？因为从小父母就告诉我，要考一所好的大学才有出息。在父母的灌输下，我给自己设置了一个目标，要考一所好的大学。而我又是一个先天目标感特别强的人，一旦这个目标定下来，我就会全力以赴。

记得高中时，有一次班上一群女生相约出去吃烧烤，我也在被邀请之列，但是我直接拒绝了，为什么呢？因为我觉得我现在要全身心准备应战高考，其他任何玩乐都是不能被接受的。

看起来我真的特别自律，真的就是别人家的孩子。

但是，当我工作后再回想起来，我当时看似很坚定地拒绝，其实是

有遗憾的，因为我内心最真实的声音是，我很想去玩。因为当时我有很大的压力，所以我觉得我必须背水一战，付出百分百的努力，任何玩的事情都要放下，否则，万一考不上大学怎么办呢？父母告诉我，大学是唯一的出路。

而我之所以也认同了父母给我设定的目标，那么执着地想要考上一所好大学，也是希望自己上了大学，就有能力不再依赖父母了。内心还有一个隐藏的声音就是，我要证明我的能力，当我有能力考上大学，也许我就可以向父母证明我是那个值得他们爱的孩子了。

为了考上一所好大学，我牺牲了很多的东西，包括跟同学出去玩，包括做自己想做的很多事情，压抑了自己很多真实的需求。

所以，等我终于实现了自己的目标，考上了理想的大学之后，我开始放飞自我，花很多时间在吃喝玩乐上，总想弥补高中三年被压抑的需求，导致浪费了很多大学里非常黄金和宝贵的学习机会。

这就是虚假的"自律"。

看似自律，其实不是一个孩子内心最真实的声音，只是为了父母的期待，为了向父母证明自己值得被爱而做出的看似自律的行为。

所以，**有条件的爱，会造就孩子虚假的独立和自律**。

正因为我自己经历过这样惨痛的教训，所以在陪伴乐乐的过程中，我非常关注乐乐的行为表现到底是真实的自律还是虚假的自律。

乐乐上幼儿园时，有一次我们在路上看到一个小朋友在吃冰激凌，乐乐跟我说："妈妈，你看那个小朋友在吃冰激凌，我就不吃冰激凌，因为冰激凌太冰了，对身体不好。"

可能你会想，乐乐真自律呀。

但我不这样认为，因为我太了解孩子了，也太了解乐乐了。哪有孩子不喜欢吃冰激凌的呢？所以我知道，这不是他真实的心声，他之所以这么说，是因为他担心自己表达真实的想法会得不到妈妈的认同，因为那段时间他经常生病，几乎每1~2个月就会咳嗽发烧一次，所以我们会跟他讲，不能吃冰的、凉性的东西。

我对乐乐说："其实我们想吃冰激凌也没关系，你如果想吃冰激凌，你说出来妈妈也能理解的。妈妈小时候看到冰激凌就很馋，很想吃。虽然你最近总是咳嗽，妈妈不能买冰激凌给你吃，但是如果你很想吃，妈妈是能够理解的，等你身体调理好了，妈妈也很愿意买冰激凌给你吃。"

乐乐听完我的话之后，马上就改口对我说："妈妈，我喜欢冰激凌，我也想吃冰激凌。"

因为我的话让乐乐觉得妈妈对他的爱是无条件的，我并不会因为他说想吃冰激凌就说教他、批评他，他也就不会因此错误地认为他必须要表现得特别自律才能赢得我的爱，因此，他也就不会再出现类似虚假"自律"的行为了。

所以，我们千万不要鼓励和纵容孩子虚假的"自律"和虚假的学习"自主性"，这只会压抑孩子的真实想法，而这种压抑一定会在他后面的人生中加倍地反弹回来，就像当年的我一样。

当然，现在我又很感谢大学 4 年放纵自我的时光，因为那 4 年的自我放纵，让我开始无形中从为了父母的期待而活、为了一个盲目的目标而活的状态，回归自身，关注自己的真实需求——能够在大学毕业之后，勇敢地去追寻自己内心想要的东西，不管世俗的眼光，也不再被父母带来的无形压力所束缚。一直到乐乐出生之后，我终于找到了自己的人生意义和使命，那就是帮助千万妈妈在充满支持和陪伴的环境中做好对孩子的深度陪伴，并且让孩子和妈妈彼此都能从中得到爱的滋养。

联结感：情感的联结给孩子满满的动力

人天生渴望联结，渴望爱与被爱，需要归属感。因为我们在很大程度上是通过人际关系来获得存在感、建立身份认同、定义自己的，所以我们需要找到同类群体，他们能够与我们的经历和感受产生共鸣，给予我们鼓励和支持，与我们一同分享快乐与烦恼。

所以每个人都需要联结感，这是人生存和发展的本能。

为什么孩子都需要伙伴，而不是自己一个人玩？

为什么孩子都需要回到线下真实的群体课堂中去，而不是每天自己在家一个人上网课？

这都是基于"联结感"的需要。

接下来将分享三个增强孩子"联结感"的深度陪伴工具和方法，帮助父母提升孩子的学习内驱力。

换个氛围，孩子大不一样

我曾经是非常典型的实用主义派，买东西讲究实用，看书讲究有用，做事情讲究高效。在顺风顺水的时候，这没有什么问题。但是当陷入低谷时，我发现，真正帮我从低谷中产生动力，重新走出来的，往往是那些让我感觉温暖的人、事、物，而不是以前我追求的那种实用、高效的做事方式。

孩子的学习也是这样。当孩子对某件事情本身就非常感兴趣时，当孩子没有遇到任何困难时，当孩子跟父母没有产生冲突时，父母直接给孩子指令，要求孩子学习、做作业、做父母布置的额外作业都没问题。

但是，教育通常就发生在孩子对某个科目失去了兴趣，孩子的学习遇到了困难，孩子跟父母产生了冲突时。

这个时候，如果孩子感觉家是冷冰冰的、没有温度的地方，父母也只会冷冰冰地给孩子派发学习任务，父母和孩子的沟通内容也全部都是冷冰冰的学习，那么孩子和父母之间就不会产生联结感，他们的内心也会没有能量，继而失去对学习的热情。

相反，如果父母能够在冷冰冰的、枯燥的学习任务之外，在家里给孩子营造一种良好的氛围和环境，带给孩子温暖，那么孩子就能够感受到和父母之间的联结感，这将让处于困境中的孩子、对学习暂时失去兴趣的孩子、跟父母刚刚闹了矛盾的孩子，内心重新恢复能量，有动力继续学习下去。

所以，如果你想要提升孩子的联结感，第一个深度陪伴工具就是"营造好的氛围和环境"。

具体要怎么做，才能营造好的氛围和环境呢？

第一，加入爸爸妈妈的爱和用心。

乐乐 3 岁半的时候，不太爱跑步，一跑就喊累，因为运动少，所以抵抗力差，经常生病。所以，我跟乐爸一起做了一个亲子运动计划，每天晚饭后半小时，带乐乐去小区里慢跑。

我们在池塘边找到一个绝佳的位置，那里有一颗绿树成荫的大树，大树四周用一个周长大概为 25 米的方形水泥台围着。我们带着乐乐绕着这个方形水泥台慢跑。刚开始，乐乐跑一圈就停下来说："妈妈，我累了，我不要跑了。"但是我会继续跑，希望可以带动他，这时乐乐就会跑过来抱着我的腿说："妈妈，你不要跑了，我们休息一下吧。"

我绞尽脑汁想到一个好玩的办法，我跟乐乐分别朝相反的方向跑，这样我们每圈都可以遇到。我告诉乐乐，每当我们遇到的时候，爸爸妈妈都会分别给他一个拥抱，然后击掌庆祝。我们试了一圈儿，乐乐觉得非常好玩，既有妈妈的拥抱，还有击掌的成就感，也不喊累了，充满了动力。相遇的时候，有时候我会故作惊讶地说："啊，我们又见面了"，有时候我会说："嘿，又碰到你了"，让他觉得跑步就跟我们在家里一起玩没有什么两样，所以乐乐非常期待每一圈我们的碰面。碰到了，他就会"咯咯咯"笑个不停，开心地继续跑下一圈。

有一天晚上，晚饭后我忙自己的事情，忘记了带乐乐运动，他居然主动提醒我："妈妈，你带我到楼下跑步吧。"我一看时间，已经 7 点 50 了。想想回来会很晚了影响睡眠时间，我就对他说："已经快 8 点了，我们今天就直接洗澡睡觉好不好？"乐乐却很坚定地回答："妈妈，我们要锻炼身体，我们要运动，你带我下去运动好不好？"

其实都是跑步，但是第一种方式，就是为了完成任务的跑步，机械又枯燥；而第二种方式，既有爸爸妈妈温暖的怀抱，又有相遇的惊喜，还有庆祝的仪式感。这些细节的小小变化，让整个跑步的过程变得更加温馨，让孩子感觉爸爸妈妈一直是用心陪伴自己、和自己互动的，孩子自然也就会从不想做变成迫不及待想要去做了。

第二，加入放松和快乐的元素。

好的氛围和环境一定离不开放松和快乐的元素。想一想，父母要求孩子必须跑够多少圈，是放松的吗？是快乐的吗？当然不是。但是如果我们把它转换成一种轻松的形式，让孩子从中感受到放松和快乐，而不是一种负担，孩子会更愿意尝试，比如对孩子说"我们朝相反的方向一起跑，碰到了妈妈会给你一个拥抱"。

第三，加入适当的仪式感。

为什么过生日如果没有生日蛋糕、生日蜡烛、生日歌，即便去五星级酒店庆祝，好像也会少了 90% 的生日氛围？因为缺少了这三样东西，就没有了生日的仪式感。

所以适当的仪式感，有助于营造良好的氛围和环境。比如，我在激发乐乐跑步内驱力这件事上，加入了"妈妈的拥抱"和"击掌"这两个元素，这就是仪式感，会让乐乐感受到良好的氛围。

所以陪伴孩子的时候，如果发现孩子不想做某件事情，我们可以去思考一下，如何把氛围和环境设计得更好一些。对孩子来说，营造一个良好的氛围和环境，可以让他感受到跟爸爸妈妈的情感联结，这种情感联结会成为他行动的动力。

> **深度陪伴工具**
>
> **营造好的氛围和环境**
>
> 营造一个良好的氛围和环境可以让孩子感受到跟爸爸妈妈的情感联结,这种情感联结会成为他行动的动力。
>
> 1. 加入爸爸妈妈的爱和用心。
> 2. 加入放松和快乐的元素。
> 3. 加入适当的仪式感。

每一个小小的成长,都值得用心庆祝

我记得高中时,有一次我考了班级第一名。那是我第一次考班级第一名,从来没有过的好成绩,我特别兴奋,迫不及待地跟来接我的父母分享这个好消息。我以为他们会同样喜悦,我以为会得到他们的赞美,结果母亲只说了一句:"你这是运气好!"

那一瞬间,就像被一盆冰冷的水泼了下来,我所有的喜悦都消失殆尽。从那以后,在我从事家庭教育领域之前,在我和自己的父母和解之前,我很少再跟他们分享我取得的成绩,因为我知道即便我分享了,他们也不会为我高兴和庆祝。

我们倡导做人要谦逊、要谦卑,这是非常好的文化。可是,如果我们对待孩子所取得的成绩，也机械地用这样的态度去对待，结果可能就变成了，孩子无论做得多好，都感觉不到父母的喜悦，自然也就不再愿意跟父母分享自己的成绩了。久而久之，孩子和父母之间的联结感也会断裂。

所以，如果你想要提升孩子的联结感，第二个深度陪伴工具就是"庆祝"。

那么我们如何去"庆祝"孩子的成长和进步呢？

第一，给孩子点赞或者跟孩子击掌。

在远古时期，人们打猎回来或者战胜了敌人，就会抱在一起庆祝；在球场上，运动员进了球，大家也会相互击掌庆祝。

肢体的接触让"庆祝"充满了仪式感，并且更加鼓舞人心。

所以，当孩子取得了进步，有了成长时，作为父母，我们不仅要有鼓励的语言，还要用肢体接触的方式来为孩子庆祝。

比如，可以跟孩子击掌，给孩子的额头点赞，给孩子一个大大的拥抱或亲吻额头等。

第二，给孩子定制专属小礼物。

当孩子有进步时，父母可以给孩子定制一些专属的小礼物，让孩子感到父母真的看见了自己的成长。这些小礼物可以是印章，可以是徽章，也可以是孩子心仪已久的玩具。

有一次乐乐在家上网课，我也正好居家办公，我发现他上课的时候经常会很着急地找书、找文具，课间只顾坐在那里看书也不运动，所以我专门找了一天时间陪他一起去优化整个网课的学习习惯和流程。

晚饭后,我跟乐乐一起复盘了当天的成长,我对乐乐说:"妈妈想送你一套印章,当作你这个学期开学的成长礼物。"

乐乐:什么印章?

我:你可以想一下,你希望在印章上印什么字。比如,你做得好的时候,你遇到问题和困难的时候,你会对自己说什么话,就可以刻上去。

最后,乐乐选了这四句话,还为每一个印章画了配套的图案。

第一句,我为你自豪。

第二句,加油,问题只是暂时的。

第三句,不要放弃,困难是成长的契机。

第四句,不要让自己的答案被别人干扰。

睡前,我建议乐乐写一篇当天的成长日记,记录一下他的感受。

乐乐这样写道:

"有些发明能流传千古,那是因为他们的发明使人类踏上了一个新的台阶!

"今天我踏上了一个新的台阶!我今天和妈妈一起努力,把每次上下课和课间活动都做得很到位。

"今天除了清爽,还有一种很奇特的感觉,那就是饿得想吃下一头牛!

"只要有努力,有成长,那就一定会有未来!"

我没想到,一个小小的礼物,会带给乐乐这么大的触动。如果不是借助这么一个小小的礼物来为孩子庆祝，我完全不知道孩子对自己的成长如此骄傲和自豪。

第三，给孩子准备丰盛的食物。

很多事情的庆祝都离不开吃。

孩子满百天了，会用"百日宴"来庆祝；孩子考上大学了，会宴请各方亲朋好友来为孩子庆祝；孩子结婚了，会用丰盛的婚宴来庆祝。在我们老家，孩子满 11 岁，也会举办一场非常隆重的生日宴席为孩子庆祝。

当孩子有成长和进步时，不妨也问问孩子想吃什么，用一顿丰盛的食物来为孩子庆祝，让孩子感受到父母对他进步和成长的看见。

有些父母可能会觉得困惑，给孩子买礼物，给孩子一顿大餐，自己有时候也是这么去奖励孩子的呀，为什么奖励不可以，但是庆祝就可以呢？

这是因为，庆祝和奖励的本质是不同的。奖励是一种诱惑，父母先告诉孩子如果达成了父母的哪些期待，就奖励他，主体是父母。庆祝是孩子有成长了，父母一起为孩子开心，重在成长，而不是一定要达成父母的期待，主体是孩子。所以，奖励无法滋养孩子，但是庆祝可以。

多用心看见孩子的成长，用心去为孩子的成长庆祝，通过这份庆祝，孩子能感受到自己成长的路上不是一个人孤军奋战。有父母的陪伴，有父母的看见，孩子会充满无穷的动力。

> **深度陪伴工具**
>
> ### 庆祝
>
> 庆祝可以让孩子感受到自己成长的路上有父母的陪伴，这会让他充满无穷的动力。
>
> 1. 给孩子点赞或者跟孩子击掌。
> 2. 给孩子定制专属小礼物。
> 3. 给孩子准备丰盛的食物。

从"做不到"变为"再试试"，榜样的力量影响孩子的态度

科幻电影《流浪地球 2》上映之后，迅速爆火。济宁市实验初中的校长周喆直意外发现，电影中有一个跟自己同名的角色周喆直，他联系自己曾经的学生，也就是《流浪地球 2》的导演郭帆，郭帆告诉周老师，那个角色取这个名字正是为了致敬周老师。

这就是榜样的力量。几十年过去了，曾经当过郭帆四年语文老师的周喆直可能自己也没有想到，当年对郭帆的指导，到现在还影响着他。

孩子是透过他爱的、认可的人来看见自己的，同样孩子也是最有意愿从他爱的、认可的人身上学习的，因为只有爱和认可才能在彼此之间形成深深的联结。

这些孩子爱的、认可的人就是孩子成长的榜样。所以，如果想要提升孩子的联结感，第三个深度陪伴工具就是"用榜样影响"。

父母如何找到影响孩子的榜样呢？

第一，父母自己成为孩子的榜样。

对孩子来说，从他出生的那一刻开始，最爱的、最认可的、最愿意模仿的对象，就是父母。所以，作为父母，我们自己一定要努力成长，成为孩子的榜样，用自己的言行去正面影响孩子。

有一次我带乐乐去一个游乐园玩，因为想到经常会去，所以我决定办一张年卡。售票处的工作人员提醒我，如果我有朋友的年卡卡号并且把年卡的正反面拍照给她，办理年卡可以打 75 折。本来觉得挺麻烦的，我又不知道哪个朋友有年卡，想干脆直接办卡算了。但是转念又想，其实这也是一个很好的机会去给孩子做一个解决问题的榜样。

于是我跟乐乐说，我们想想办法看看能不能找到。我先在小区业主群里发消息问有没有邻居可以帮忙，但是没有回应。我问乐乐："你觉得我们还可以怎么办？"乐乐回答："不知道。"我告诉乐乐，妈妈想到一个不错的办法。

我带着乐乐直接走到检票口附近，看到有一位妈妈手上拿着年卡正准备刷卡，我走上前去，跟这位妈妈说明了缘由，征得她的同意，给年卡正反面拍了照。然后带着乐乐回到售票处，顺利办好了打折的年卡。

最好的陪伴，不是我教你听，而是我做你看，父母是孩子最好的榜样。

所以，我平时带乐乐出门，不会放过任何一个解决问题的机会，甚至很多时候，我会像这样去主动创造机会，让乐乐看妈妈是如何解决问题的。久而久之，乐乐再遇到问题时，也会积极主动去思考解决问题的方案。

我记得乐乐上幼儿园时，有一次接他放学，乐乐说肚子饿了要吃东西。我带他去小区对面一家面包店买吃的。结账的时候，我的手机突然没电关机了。

我跟乐乐解释："妈妈手机没电了，买不了面包了，妈妈觉得很抱歉。"乐乐不开心了一小会儿，马上就给我建议："妈妈，你去找人借充电器充电。"

我问他："那妈妈去哪里找呢？"

乐乐直接把我带到隔壁的超市一楼，进去后直奔一个旅行社的店铺，问："阿姨，请问有没有充电器借一下？"那位阿姨指了一下旁边卖电子产品的店铺，对乐乐说："你可以去找他们借。"

于是乐乐又跑到旁边的店铺，帮我借到了数据线。充好电，乐乐如愿买到了想吃的面包。

我对乐乐说："今天我们遇到了问题，妈妈差点都想要放弃了，结果你居然想到了解决办法。"乐乐也特别开心。

有的孩子遇到问题时，第一反应就是，"我不会做"，接下来便以此为由直接放弃。如果父母平时在孩子面前总是逃避问题，从来不去主动想各种办法解决问题,那么当孩子遇到困难时,即便父母不断鼓励孩子"没关系,我们再试试看能不能找到更好的方法",孩子也仍然会无动于衷。

第二,在孩子的老师和同龄伙伴中找到榜样。

对孩子来说,他最愿意模仿的、仅次于父母影响力的就是老师和同龄伙伴。而且从上小学开始,孩子跟老师和同学伙伴之间相处的时间甚至会超过跟父母相处的时间。

所以,父母也要关注孩子的同伴,并跟孩子的老师保持沟通,帮助孩子找到可以影响他的榜样。

这也是为什么我在给乐乐挑选兴趣班时,并不会光看某个兴趣班的名气和品牌,而会更加重视老师的品行。因为老师不光是教孩子学习,提升孩子的认知能力,同时,老师的一言一行也会潜移默化地影响孩子的成长。也许一个好的老师,不经意间就能在孩子心中种下一颗好的种子。这颗种子在阳光雨露的浇灌下,可能会迸发出你无法想象的力量。

第三,在名人中找到榜样。

从小学开始,孩子便会偷偷地崇拜自己心目中的偶像。与其等到青春期才发现孩子变成了纸醉金迷的追星族,还不如趁早帮孩子找到一些正能量的、能对孩子的梦想和品行起到正向影响的名人榜样。

可以多给孩子看一些名人传记,古代的、现代的、各种学科的、各个领域的,都可以涉猎。

第四，在动画片或电影中找到榜样。

孩子都喜欢看动画片和电影，既然都要看，为什么不在看的同时帮孩子找一个他愿意模仿和学习的榜样呢？

比如，小男孩都喜欢英雄，小女孩都喜欢公主，那我们就可以找一些与英雄和公主主题有关的动画片和电影给孩子看，让他学习榜样身上的优秀品质。

教育本身就是生命影响生命的过程，与其让孩子学习某件事情怎么做，不如多用榜样的力量去影响孩子。因为榜样和孩子之间会产生联结感，有了联结感，孩子才会愿意被影响。

深度陪伴工具

用榜样影响

教育本身就是生命影响生命的过程，多用榜样的力量去影响孩子，孩子会越来越有动力去解决问题。

1. 父母自己成为孩子的榜样。
2. 在孩子的老师和同龄伙伴中找到榜样。
3. 在名人中找到榜样。
4. 在动画片或电影中找到榜样。

第四章　Ａ意愿，培养有内驱力的孩子

内驱力是深度陪伴 RAP 养育法的第二个环节，孩子的内驱力和行为之间的关系，就像厨师对做菜的热爱程度和美味佳肴之间的关系。厨师越热爱做菜，就越会主动去钻研各种食材的做法，更容易做出可口的饭菜。如果厨师不喜欢做菜，不论给他配置功能多强的厨具，都是资源的浪费。

同样，如果孩子没有内驱力，不论给他报多少辅导班，请多好的私教，买多贵的学习资料，都无济于事。

但是，只要孩子有足够的学习内驱力，以及下一章我们要讲的多元能力，学习成绩好是迟早的事。

孩子内驱力的三大引擎——胜任感、自主感、联结感，以及对应的 12 个深度陪伴工具需要父母反复练习，在实践中培养有学习内驱力的孩子。

P

第五章

P 能力，智慧地
发展孩子的多元能力

发挥天赋·放大优点　**聚焦优势**
复盘·启发式提问·拆解目标·解决问题三步骤·示范　**搭建脚手架**
鼓励失败·尊重孩子的节奏·抓住最佳学习时机　**顺势而为**

从关注孩子的成绩到关注孩子的多元能力

学霸父母一定要接纳自己的孩子可能不是学霸。

现在的孩子其实蛮苦的,为什么呢?

如果孩子的父母以前是学霸,那么很大概率会期待自己的孩子也是学霸,因为不希望孩子学习比自己差;如果孩子的父母以前是学渣,那么很大概率也会期待自己的孩子是学霸,因为希望孩子学习比自己好。

这样下去,孩子就只有一条路可走,那就是成为学霸。可是这个世界上,怎么可能人人都是学霸呢?人人都是学霸,那就没有学霸了,大家都一样了。

我和乐爸上学的时候,都算是学霸。乐爸的数学尤其厉害,参加过很多奥数竞赛并获奖,关键是他特别喜欢和沉迷其中。我虽然谈不上喜欢数学,但是数学成绩也一直是很好的。但是乐乐的数学成绩却算不上拔尖,尤其是刚开始学习一个新的数学知识点时,他需要很长时间去消化。

所以双学霸父母,生下来的孩子也未必就是学霸,这一点父母必须要接纳。如果不接纳,自己痛苦,孩子更痛苦。

什么是孩子的多元能力？

关于孩子的成绩，我看到两种说法，一种是"孩子的成绩很重要，因为只要有高考存在，成绩的竞争就是不可避免的"，另一种是"孩子的成绩不重要，因为好成绩可以靠刷题和临时抱佛脚来获得，不能代表什么"。

这两种说法到底哪一种对呢？

在我看来，两种说法都只对了一半。只要高考制度不改革，成绩肯定重要。但是作为父母，我们应该思考的是，孩子的成绩是哪些能力的综合体现，父母应该关注的是成绩背后的这些能力。这就好比拼一个乐高，你总想着要拼一个哈利·波特的魔法屋出来，但是你却不知道这个魔法屋需要哪些乐高颗粒。这样孩子也辛苦，你也辛苦。

20世纪80年代，美国哈佛大学教授、心理学家霍华德·加德纳博士提出了著名的"多元智能理论"，他通过大量的研究发现，一个人的智能是多元的，这些多元智能包括语言智能、音乐智能、人际智能、内省智能、自然观察智能、数学逻辑智能、空间智能、身体运动智能。而孩子的每一项多元智能背后，又是N种多元能力的叠加。比如语言智能，既需要记忆能力，又需要理解能力，还需要解码能力。

所以，乐乐的数学成绩，我跟乐爸都非常接纳，因为我们知道，每个孩子都有多元能力。虽然乐乐目前的数学成绩不算拔尖，但是，我发现乐乐的感受力和想象力特别丰富。他写出来的文字天马行空，这一点比我和乐爸都强。所以，我会鼓励乐乐多写作。在三年级暑假的时候，乐乐自己还创作了一部 2 万字的科幻小说。

当然，一个孩子写作能力强，也不代表他的语文成绩就一定特别好。我们要知道，任何一个科目的成绩其实也是 N 个多元能力的组合。

比如，语文需要的多元能力包括孩子的记忆力、想象力、观察能力、逻辑能力等。

为什么需要记忆力？因为如果记忆力不好，生字、词语、古诗就背不下来。

为什么需要想象力？因为写作的时候需要想象。

为什么需要观察能力？因为观察能力弱的孩子，就容易看错题、看漏题，这也会丢分。很多父母以为是孩子粗心，其实粗心背后不一定是孩子考试态度的问题，也有可能是能力问题。

为什么需要逻辑能力？因为想要阅读理解准确、解题有思路、写作结构清晰，就不能缺少逻辑能力。

孩子的综合成绩也需要多元能力，包括时间管理能力、目标感等。

所以，只盯着孩子的成绩，父母是无法帮助孩子提升成绩的。只有看到与成绩息息相关的多元能力，我们才能知道应该如何支持孩子。

有了对多元能力的认知，以后再看到孩子成绩不好时，就会先去思考，去分析，到底是孩子哪方面的能力欠缺，才导致了成绩不好。所以最后，我们其实要提升的并不是孩子的成绩，而是孩子的多元能力。

在本章，我会详细讲述父母如何通过深度陪伴，提升孩子的多元能力。

促进孩子能力发展的三大秘诀

在培养孩子能力方面，绝大多数父母是非常舍得投入时间、精力和金钱的。有的父母为了提升孩子的学习成绩，不惜在培训机构"重金投入"，但是效果不一定好。

为什么会出现这样的情况呢？

这是因为，孩子的成长有他的客观规律，不是以父母的意志为转移的。

很多父母忽略了孩子能力培养的主体是"孩子"，而不是"父母"。盲目地"鸡娃"，三岁就教孩子认字，四岁就教孩子加减法，五岁就教孩子写字，六岁就教孩子乘除法和写作，严重违背了孩子身心发展规律。这无异于用尽浑身解数教一个三个月的小宝宝学习走路，除非这孩子天赋异禀，否则不论你怎么鸡娃，效果都非常有限，孩子辛苦，父母也辛苦。

只有了解孩子能力发展的客观规律，才能做到"有的放矢"。

另外，我们绝大部分家庭的教育资源都是有限的，不论是时间、精力还是金钱。虽然教育要"去功利性"，不要盲目鸡娃，但是如果投入同样的时间、精力、金钱，当然是投入产出比越高越好。

那怎么才能在不盲目鸡娃、去功利性的前提下，让培养孩子能力的投入产出比更高呢？

我总结了"孩子能力培养三大秘诀"，分别是"聚焦优势""搭建脚手架""顺势而为"，能够有效解决这个问题。

第一个秘诀是"聚焦优势"。

我记得小时候，如果有人当着我父母的面夸奖我，父母马上会回答"她其实一点儿都不听话，平时在家里也挺懒的，让她扫个地都懒得扫"，好像极力想告诉对方我全身有哪些缺点，好去掩盖我身上的优点。

直到现在，我仍然会看到很多父母会这样对待自己的孩子。他们总是能很轻松地找到孩子的缺点，希望通过不断提醒孩子有哪些缺点，让孩子能够改正。

可是你知道吗？孩子只有感受好，才会做得更好。

没有任何一个孩子会在感受糟透了的情况下，去主动做得更好。

父母能够贴身陪伴孩子成长的时间很有限，最多也就18年。而实际上，陪伴的黄金期是在孩子12岁之前，也就12年。我们肯定希望，在有限的时间里，孩子能够有更多的成长。

所以，正确的做法不是每天盯着孩子的缺点让孩子去改正，而是让孩子多发挥优势，越做越开心，越做越自信，越做能力越强。

第二个秘诀是"搭建脚手架"。

父母通常会认为，孩子想做某件事就应该马上去做，如果说了去做，但是没有做，那就说明孩子不想做，或者态度有问题。

比如，孩子说好放学后玩20分钟就马上回家做作业，结果孩子玩了40分钟才回家，父母就会认为孩子贪玩不想做作业。

跟孩子约定了早上7点起床，不要迟到，结果孩子起床磨磨蹭蹭，最后还是迟到了，父母就会认为孩子对上学不重视。

诸如此类的事情，在生活中每天都在发生。真相真的是这样吗？

美国认知心理学家布鲁纳在1976年提出了"脚手架理论"。他认为，当孩子开始学习新东西时，他们需要来自成年人的主动支持。一开始，他们依赖于成年人的支持，这种支持的作用就像建筑行业的脚手架一样，但逐渐地，孩子会越来越独立，这种支持就可以逐渐减少。所以，当孩子做不到时，很可能是孩子的能力达不到，这个时候孩子更需要父母的支持，给他们搭建一个可以前进的脚手架，而不是批评和指责。

有一次寒假结束后，我带着乐乐恢复有序的学习生活。

我带着他重新整理了房间，带着他一起把上网课的流程走了一遍。包括每次上课前，要像平时在学校一样，把书包拿到上网课的学习区；每次下课时，要及时把上完课的书放回学科袋，再把下一节课要用的书袋拿出来放在学习桌上，这样下楼运动回来，马上就可以进入学习模式，无缝衔接。

乐乐也感受到了这种有序学习和生活的高效和清爽，尤其是清爽的感觉，让乐乐特别有意愿继续这样保持下去。

中间有几天我很忙，没管他。等重新腾出时间来，我开始抽空在课间陪他打一会儿羽毛球。

打羽毛球时，我问乐乐：你把下一门课的书袋拿出来了吗？

乐乐：我忘记了。

我：啊，又忘记啦。你是不想这么做忘记了，还是想做忘记了？

乐乐：我想这么做，但是一想其他事情就忘记了。

我：那你想做的意愿有多强呀，如果满分是 10 分的话。

乐乐：10 分。

我：好吧，所以你是非常想做但还是会忘记对吗？

乐乐：是的。

我遇到了"孩子说了做，也很有意愿做，但是实际上做不到"的问题。

但我知道，这不是孩子的意愿问题，不是孩子的态度问题，而是孩子的能力问题。

在这种情况下，乐乐需要的是我的帮助，需要我给他搭建一个脚手架，帮助他有能力去做到。

所以，当孩子不会做的时候，父母要做的不是简单地不断监督、催促、要求、指责孩子，而是要想办法给孩子搭建一个适合他们的"脚手架"，去帮助孩子突破困难和卡点，取得成功。

第三个秘诀是"顺势而为"。

我发现对孩子学习特别焦虑的父母,主要有两类:

一类是自己以前上学时就是学霸,而且可能夫妻两个都是学霸,所以对孩子会有一种高期待,认为孩子必须要比自己还优秀。所以看到孩子的学习稍微有点跟不上时,就变得焦虑不堪。

另一类是自己以前上学时学习成绩不好,甚至可能因为贪玩或者早恋没有考上大学,以至于工作后有很多不如意,便后悔当年没有好好学习。所以对孩子也会有一种高期待,认为不能让孩子再像自己一样,因为没有好好学习,所以生活不如意。同样,他们看到孩子学习稍微有点跟不上,也会焦虑。

我特别喜欢一个故事,这个故事的主人公是"现代催眠之父"米尔顿·艾瑞克森。他小的时候有阅读障碍,同学给他起了一个绰号——"字典",因为他总是在看字典。同学以为他喜欢看字典,却不知道他其实是在找字。因为他不知道字典是有排序的,所以每次要找一个字,都是从第一页开始,一页页挨着翻去找这个字。直到16岁的某个冬天,有一天中午,天气很冷,他在地下室里用字典查一个字,突然间仿佛一道白光照亮了整个地下室,艾瑞克森刹那间明白,原来字典是按字母从 a 到 z 排序的。那一刻他深深地感谢内在的自己,这么久他才发现字典是有排序的,这让他对文字有了更深的理解。

我在想,如果艾瑞克森出生在刚才说的那两种父母容易焦虑的家庭里,他的父母一定会第一时间给他报识字辅导班或者请家教,他可能也就不会成为"现代催眠之父"了。

我们都听过这样一句话，"上天为你关闭一扇门的同时，一定会为你打开一扇窗"。孩子之间是不能简单粗暴地去对比的，一个孩子某项能力差，不代表这个孩子就是落后的。如果我们不了解孩子的节奏，很多时候，父母看似是在帮助孩子提升能力，实际上却是拖了孩子的后腿，打乱了孩子的节奏，甚至埋没了孩子发光和发展的机会。

养育孩子跟养花是一个道理，每朵花都有自己的花期，每个孩子也都有自己的"花期"。花期没到的时候，无论怎么铆足了劲去强迫孩子，都没用。所以，把握每个孩子成长的共性规律，把握孩子成长的个性化规律，非常重要。

不论你想培养孩子什么能力，只要把"聚焦优势""搭建脚手架""顺势而为"这三个秘诀牢牢抓住，一定可以用更短的深度陪伴时间，促进孩子更多的成长。

每一个家庭给孩子的教育资源都是有限的。培养孩子的多元能力时千万不要盲目投入金钱和精力，而是要学会把教育资源用在刀刃上，才能起到事半功倍的效果。

接下来，我会分享如何通过聚焦优势、搭建脚手架、顺势而为这三大秘诀来高效培养孩子的多元能力，并且会提供 10 个深度陪伴工具，让大家通过清晰的路径来达成智慧地培养孩子多元能力的目标。

聚焦优势，父母是孩子的伯乐

我在陪伴很多妈妈成长的过程中发现，凡是不够自信的妈妈都有一个相似的成长背景。她们的父母在养育她们的过程中，大都采用一种"取长补短"的方式，不论她们多努力，父母都能挑出问题来，身上总有改不完的缺点和补不完的短板。

但是现在，这样的教育方式已经不适用了，这样教育的结果就是，孩子明明很优秀，却受限于自己的短板，无法把价值最大化。

所以，我希望每位父母在深度陪伴孩子成长的过程中，换一种养育方式，用"扬长避短"来替代"取长补短"。

人是群居动物，不能单打独斗，而是要共创共赢。让孩子专心把自己的优势发挥到极致，他的成就绝对会大过一个"取长补短"的孩子。

接下来会分享两个帮助孩子"聚焦优势"的深度陪伴工具和方法，帮助父母聚焦孩子的优势，成为孩子的伯乐，提升孩子的多元能力。

发挥天赋，孩子越来越自信

如果问父母，想让孩子成绩好是为了什么，大家可能会说，是为了让孩子考上好的中学、好的大学。

如果接着问，那考上好的中学、好的大学又是为什么呢？

父母们可能会说，为了能够有更好的圈层，为了以后找到更高收入的工作，为了让孩子未来的人生有选择权。

如果继续问，那拥有更好的圈层、更高的收入、更多的选择权又是为了什么呢？

父母们可能会说，是为了幸福；也可能会说，是为了让孩子能够实现自己的梦想；还可能会说，是为了有更强的生存能力，是为了让孩子成功……

不论哪种说法，我觉得都可以，都没有问题。毕竟每个家庭的背景不一样，我们不能要求每个家庭都直奔"幸福"这个终点。对有些家庭来说，可能解决好生存这个问题，更重要。但这并不意味着，目标直奔"幸福"的家庭，比目标在"生存"的家庭就高级很多，我觉得都是好的。就像"马斯洛需求层次理论"中所呈现的，人的需求层次是逐步升级的，先解决生存问题、安全问题，才有精力去思考被尊重的问题，最后才是自我实现和终极幸福的问题。

如果我告诉你，有一条路，不需要你每天都把目光放在孩子的学习成绩上，依然可以达成你对孩子的这些祝福和期待，你会选择吗？

我想你一定不会拒绝。

为什么我会这么自信地告诉你，是因为有一个真相，往往被父母们选择性地忽略了。那就是，有一些老师和父母眼中的"学渣"，有可能擅长的能力并不在我们认为的"主科"上。

现代催眠之父米尔顿·艾瑞克森小的时候，有严重的阅读障碍，17岁时，又患上了小儿麻痹症，医生下了诊断，不可能再站起来。这样的孩子，如果要拼成绩，那只能是牺牲品。但是因为他有一个想要站起来的目标，在努力的过程中，意外发现了自我催眠可以促进自我康复，从而研究出了自己的催眠疗法。我想，如果他是一个阅读能力很强的人，也没有得过小儿麻痹症，那么他可能无法发现自己在催眠方面的能力。这种能力并不是他天生就有的，而是他在实现自己目标的过程中，逐步发展出来的。

我曾经相信努力大过一切，认为天赋离普通人太远。可是当我进入教育领域深耕很多年以后，我才发现，努力是1，天赋是后面的0。如果没有努力，一个人的一生肯定是一事无成。但是如果一个人能够发现和发挥自己的天赋，那么就像在1后面加了很多个0，这是没有机会发挥天赋的人无法想象的。

所以，如果想要帮助孩子聚焦优势，第一个深度陪伴工具就是"发挥天赋"。

父母可以通过怎样的方法去发现孩子的天赋呢？

第一，在深度陪伴中观察。

在乐乐读二年级的时候，有一次老师布置了一篇作文，让孩子们去观察雨后的风景，然后写下来，因为那段时间正好是雨季，每天都是暴雨。

于是，我在乐乐的作文本上看到了这样一篇小作文：

《雨中风景》

今天下午下了一场大雨，景色很美。

花草茂盛，荨麻飞快地生长着。

南瓜种子成大藤，雨点儿像水杯。

树叶上长花，打雷似叫声，飞机像雷声。

雨停了，地上湿润了，树上凤凰花开，蜜蜂在过节。

风神骑上她的"马"，一边看书一边周游世界。

大风停了，水的岁月变长了。

雨后的风景像故事一般，星星的灯光似故乡的手一样。

灿烂的阳光照在生长的植物上，照得它们火眼金睛。

夜深了，雨滋润着窗口，月亮在工作，星星在打呼噜。

夏天的雨季真是美！

我看完之后，被乐乐的想象力惊讶到了，我知道，这就是孩子的灵性，也是乐乐的天赋所在，只有在孩子的灵性和天赋结合的笔下，才能写出这么美的文字。

还有一次我在乐乐的作文本上看到了这样一篇作文：

《日出》

夜深了，人们早早就上床了，根本不理会黑夜的魔法。

但是黑夜也有她的特色，她会制造一些魔鬼和幽灵散发在空中，这会使孩子们做噩梦。

但是过了几小时，黑夜被一条金黄色的手烫伤了，她赶紧躲了起来，是谁伸出了胳膊呢？原来是太阳！

太阳笑眯眯地爬了起来，站在山冈上，让他那金黄色的光散发到世界各地，他的光一洒在花儿的脸上，花儿就开始拼命地生长；他的光一洒在人的脸上，人就立马起床干活去了；他的光一洒到马的背上，马就开始狂奔！

太阳的光带给蓝天的是一首明亮的歌，带给大地的是一首生命的歌！

各种各样的植物在太阳的帮助下生长着，动物在太阳的帮助下生长着，人类在太阳的帮助下生长着！

太阳，你是大地的创造者！太阳，你是生命的主导者！太阳，你是人类文明的建立者！

太阳，谢谢你，因为是你创建了辉煌的人类文明！

虽然有些表达不是特别通顺，但是我还是被乐乐的想象力震惊到了。我没想到，孩子的想象可以如此丰富，文字里面满含着孩子对大自然天真蓬勃的情感，看完后特别感动。

当我把我的感受告诉乐乐时，乐乐却有点小小的害羞，因为他并不觉得自己的文字有什么了不起，反而觉得很平常，他只是把自己的感受表达出来而已。我告诉他，妈妈绝对写不出这样的文字，他的想象力比妈妈更丰富，以后可以多多发挥出来。

通过我的反馈，乐乐对写作有了更多的信心。二年级暑假时，他用古诗体原创了几十首诗，三年级暑假时，他就原创了一部 2 万字的科幻小说。他现在还在继续创作更多的科幻小说。每一次创作，都让他对写作更有兴趣，每一次创作，都让他对写作更有信心。

第二，通过专业的测评工具测评。

市面上会有一些测评天赋的工具，但是鱼龙混杂，精准度也参差不齐，但是如果可以选取技术精准的工具，不失为一个好的方法，可以帮助父母节省观察的时间，减少观察的盲区。

我给乐乐也做过我自己筛选过的、比较认可的天赋测评，测评结果也验证了我对乐乐天赋的观察是正确的，他确实是想象力天赋排在第一位。所以，我会更加鼓励他发挥自己的天赋，比如多多地写原创文章和小说，给自己的科幻小说设计完整的世界观；尝试自己作曲，然后在扬琴上弹奏出来；虽然绘画技巧欠缺，但是尽可能多地用绘画去表达大脑里面的各种画面和想法；跟爸爸学习编程，把一些想象的画面和想法用游戏的方式呈现出来等。

第三，通过其他人的反馈获取。

乐乐上幼儿园大班时，有一天回到家，对我说："妈妈，今天班上有个同学打了我，结果另一个同学说是我打了那个人，就告诉了老师。"

我：那老师怎么处理的呢？

乐乐：老师就调了监控，发现确实是那个同学打了我。

我：那很好啊，真相水落石出了。那老师后来是怎么处理的呢？

乐乐一脸认真地回答我："然后老师就把那个同学塞进了直升机，扔到沙漠里去了。"

过了几天，我问乐乐："前两天你说被塞进直升机扔到沙漠里去的那个小朋友回来了吗？"

乐乐一本正经地回答我："没有呢，还在沙漠里。"

我并没有急于纠正乐乐："停！你刚才说的根本就不是真的，那是你的想象。"

因为我知道，每个孩子都有自己的天赋，有的孩子想象力极其丰富，但是并不代表孩子就不会区分现实和想象。

因为我没有否定乐乐的能力，所以他的想象力一直被保护得很好。

乐乐一年级时，有一次考试，其中一道题是让孩子们把几幅图按照顺序进行排列，乐乐做错了。

我看了一下题，这几幅图的逻辑其实非常简单，按照乐乐的理解能力，不应该出现这样的错误。于是我很好奇地去向乐乐了解，乐乐是如何思考这些图之间的关联的。

然后我才发现，乐乐并不是按照我们大人默认的逻辑顺列来排列这几幅图的，而是按照他自己的想象去排列的。所以，站在他的角度，那样做是有他的逻辑的，但是按照大人的标准，结果就是错的。

我仍然没有去纠正他，相反，这也让我发现，相比逻辑思维，他会优先用想象力去思考。这是他的特点。所以，从那以后，我会鼓励乐乐多去创作，把头脑里面天马行空的各种想象，用各种各样的创作形式体现出来，其中一种方式就是写作。

每个孩子都有自己的天赋，但是孩子自己未必知道。父母在深度陪伴孩子的过程中，要多花时间去帮助孩子发现自己的天赋。在孩子有天赋的方面，投入一分努力，很快就能取得十分的结果。这样更容易让孩子产生胜任感，孩子的内驱力也会得到增强，最后就会形成正向循环，从而让孩子更容易有自信。

深度陪伴工具

发挥天赋

发挥天赋，更容易让孩子产生成就感。

1. 在深度陪伴中观察。
2. 通过专业的测评工具测评。
3. 通过其他人的反馈获取。

放大优点，每个孩子都是一颗闪亮的星

如果父母总是盯着孩子做得不好的地方，想让孩子把一件事情做好，最后的结果很可能是徒劳无功。可是，偏偏很多父母的习惯就是这样，越是孩子做得不好的地方，越是花大量的时间去纠正、提升，结果反而孩子的优点没有机会去发挥。

这真的是很不划算的投入和产出。

如果你是一位企业管理人员，你就会知道，如果一个员工特别擅长市场开拓，但是他在写总结报告的时候总是容易犯一些很低级的错误，那你肯定不会花大力气去纠正他的错误，而是会找一个人来帮他，或者派这个员工大力开拓市场，给企业创造利润，这样你付出的薪水才能有最大的回报。

正如成语"瑕不掩瑜"所言，玉就算是有瑕疵，也是块玉，石头再没瑕疵，也只是石头。千万不要因为孩子有缺点就一直盯着缺点，而是要多放大孩子的优点，这样才是"聚焦优势"的做法。

所以，如果想要帮助孩子聚焦优势，第二个深度陪伴工具就是"放大优点"。

父母应该如何放大孩子的优点呢？

第一，创造机会，让孩子的优点得到发挥。

乐乐二年级的时候，学校民乐团招新，乐乐在众多民族乐器中一眼相中了扬琴，因为他觉得它的声音很好听。可是才学不到一个学期，乐乐

就不想学了。在家上网课期间，扬琴课也停了，我就让他按照老师布置的练习自己在家练，结果越练他的脾气越大。

那个阶段我刚怀上二宝雄雄，孕吐特别厉害，好几次我都想，既然他不想学，那就放弃算了，否则这样下去，我也受不了了。

我决定找乐乐好好聊一下，看看他是真的不喜欢扬琴，还是遇到了困难。聊完之后我发现，乐乐是遇到了困难，因为练习扬琴手特别容易累，而且一首曲子总是练习不好，乐乐很有挫败感。

这一点我也早就预料到了，因为我自己本身也一直在研究和践行基于深度陪伴的优势养育，我很了解在乐乐的多元智能里面，哪些是他的优势，哪些不是，所以很理解他的感受。

想要把扬琴学好，需要三种能力：

第一种是手部的精细动作。乐乐弹扬琴容易累，琴竹敲出来的音不够清脆，因为精细动作并不是乐乐的优势。

第二种是律动感，也就是听到节奏之后，能否刚好跟上节奏，这也不是乐乐的优势。

第三种是对音乐的感知能力，也就是听到声音，马上就能分辨出是什么曲调，这是乐乐的优势。

可是刚开始练习基本功的时候，涉及的全部都是乐乐不擅长的精细动作和律动感，因此他会觉得比较辛苦。只有基础打好了，后面才能放大他的优点。

我让乐乐先暂停了练习，过了一段时间后，我跟扬琴老师一起帮乐乐找到了减轻手腕压力的练习方法，同时又请了扬琴私教一对一指导，提升他练习的成就感。乐乐很快又重新恢复了对扬琴的热情。

等他恢复对扬琴的热情之后，我鼓励乐乐："你不是很喜欢久石让的《天空之城》吗？你可以一边听一边去感受是什么音，然后尝试把这首曲子用扬琴弹一弹。"

乐乐自己也没想到，他很快就用扬琴把这首曲子弹出来了，虽然有点磕磕绊绊的，但是音都对了，而且都是他自己通过辨音识别出来的，于是特别有成就感。那段时间，他每天都迫不及待地想要把自己喜欢的歌在扬琴上弹出来。有时候，他还会哼一些自己创作的曲子，然后在扬琴上弹出来。

虽然练基本功的那一年多时间很漫长，但是因为我不断鼓励乐乐把自己喜欢的歌通过辨音在扬琴上弹出来，不断放大了他的优点，他没有再因为基本功练习而感到挫败了。我再也没有听乐乐抱怨过弹扬琴累、弹不好之类的话了。

有一段时间，乐乐从扬琴练习中找到了心流的感觉。早上6点多起床就迫不及待地想要练琴，中午吃完饭也迫不及待地想要练琴，晚上快9点要睡觉了也想起来再练会儿。为了不打扰邻居休息，只能统统都被我喊停了。

有时候，一首曲子比较长，练得手很累，乐乐会一边练琴，一边抱怨："手好累呀。"但是当我问他，要不要休息一会时，乐乐会说："不能休息，我要坚持把这首曲子练完。"

乐乐四年级时，有一次，扬琴老师告诉我，乐理课上，他发现乐乐可以非常快速地识别出他用钢琴弹出的每一个音，不论是单音符、双音符，还是多音符。在同年龄的孩子里面，他是唯一一个能快速识别音符并且全部正确的孩子。他以为乐乐学习过钢琴或者其他乐器，当老师听我说乐乐从来没有学过任何其他乐器或者乐理时，老师感到很惊讶。

听完老师的话，我开心极了。乐乐对音乐感知能力强的这个优点也被老师发现了，那么老师也就知道如何更好地放大乐乐的优点，从而让乐乐在扬琴学习更上一层楼了。

我鼓励乐乐把自己喜欢的歌通过辨音在扬琴上弹出来，就是在创造机会，让孩子的优点可以得到发挥。如果你的孩子跑步很厉害，那你也可以创造机会，让孩子的这个优点得到发挥，而不是总认为孩子上课喜欢动来动去静不下来。

第二，把孩子的优势行为，用拍摄视频的方式记录下来。

父母可以把这些视频播放给孩子看，让孩子看到自己做得非常好，这样也是在不断正向强化孩子的优点。

在乐乐练习扬琴遇到困难和卡点时，我会把他练习的视频记录下来，然后把他练习了很久终于有进步的那一段截出来给乐乐看，让他看到自己努力练习后弹得多好。这样乐乐就会对自己更加充满信心，更加用心坚持练习剩下的曲子了。

第三，把孩子的优势行为，记录进你的陪伴日记里面。

从乐乐出生开始到现在，我几乎每天都会记录陪伴日记。然后我会时不时地把以前的陪伴日记翻出来，把能够体现乐乐优点的地方念给乐乐听。在潜移默化中，乐乐自己也看见和认同了自己的优点，在这方面就会做得越来越好。

很多时候，孩子一件事情做不好，并不意味着全部都做不好。

父母要学会去发现做这件事情要用到的所有能力里面，哪些是孩子不擅长的，哪些是孩子擅长的。**在帮助孩子提升那些必须用到但是孩子又不擅长的能力的同时，我们更应该注重不断放大孩子的优点，也就是那些他本来就擅长的能力，**这样可以帮助孩子减少挫败感，增加成就感，让孩子更有意愿去做这件事情，其他能力自然也会随之提升。

深度陪伴工具

放大优点

不断放大孩子的优点，可以帮助孩子减少挫败感，增加成就感，让孩子更有意愿去做一件事。

1. 创造机会，让孩子的优点得到发挥。
2. 把孩子的优势行为，用拍摄视频的方式记录下来。
3. 把孩子的优势行为，记录进你的陪伴日记里面。

搭建脚手架，助力孩子成长

很多父母在陪伴孩子成长的过程中，容易走向两个极端。

要么是在孩子小的时候，包办代替，什么都帮孩子做，认为孩子的能力不行，做不好。

要么是在孩子上小学后，埋怨孩子什么都不会，什么都不如别人家的孩子。

我们忽略了一点，孩子不可能从不会突然就会了，这中间需要一个过程，在这个过程中，孩子需要父母的支持。怎么支持呢？就是给孩子搭建脚手架。

当我们具备了"搭建脚手架"的意识之后，父母既不会在孩子小时候、能力弱时包办代替，也不会在孩子上小学后，能力变强时埋怨孩子达不到自己的要求。

无论孩子处于哪个阶段，父母都可以给予孩子最强大的支持，以助力孩子的成长。

接下来将分享五个给孩子"搭建脚手架"的深度陪伴工具和方法，帮助父母通过给孩子提供支持的方式，逐步提升孩子的多元能力。

通过复盘，教孩子把过去的成功经验迁移到未来

我发现一个很有趣的现象，如果孩子考试考好了，父母通常会说，下次再接再厉；如果孩子没有考好，父母会说，好好想想为什么没考好，这道题错在哪里。

也就是说，当孩子没做好时，有的父母会带着孩子一起去复盘找原因，但是当孩子做好时，却很少带孩子去复盘找原因。要知道，复盘的意义，不仅仅是避免再次出错，还可以把过去的成功经验迁移到未来。

有的父母甚至在孩子没考好时也不会引导孩子去复盘，而是指责孩子："为什么这么简单的题都丢分？""你怎么考得这么差！"这样无疑是白白浪费了一次帮助孩子提升能力的机会。

如果父母能够帮助孩子把每一次经验，不论结果是好的还是不好的，都转化成对未来有帮助的经验，从孩子会走路开始，一直积累到长大，孩子的能力将会有质的飞跃。

所以，如果想给孩子搭建脚手架，第一个深度陪伴工具就是"**复盘**"。

我们要如何带着孩子复盘呢？

第一，通过提问让孩子提炼成功经验。

有一次期末考试乐乐得了全 A，我决定带乐乐好好复盘一下，看看他是如何做到的。

我：乐乐，这次期末考试你全部都是 A，包括你觉得自己不擅长的体育都是 A，这就说明，你这次真的下工夫准备了，你觉得自己下功夫了吗？

乐乐：我确实下了功夫。

我：那你是怎么下功夫的呢？

乐乐：考前我找了很多有用的资料去复习。

我：你在哪里找的有用的资料？

乐乐：家里啊，我把家里可以找到的资料全部都找出来了，有些是老师发的。去年，我在路边买东西回来，突然看到一个推广员，他给了我一个四年级的考试复习资料，我也留着了。

我：那你觉得对自己有帮助吗？

乐乐：有。

我：真的呀，你知道你这次用到了什么方法吗？第一，在态度上，你重视了这次考试，你在努力地准备。第二，你广泛地搜集信息，把对考试可能有帮助的资料全部都搜集过来。甚至还没有考试时，你就把觉得可能会对未来考试有帮助的资料都搜集过来了。这一点妈妈做得不如你，如果是我，就不会要这些资料，会扔掉，而你却留着并且派上了用场，这说明你有先见之明。

乐乐：要有长期思维。

我：对。

乐乐：第三就是考前我把很有可能考的知识点全部看了一遍。

我：你是怎么分析哪些可能会考的呢？

乐乐：比如一个人的精神品质、字词什么的，可能都会考。

我：你会自己分析哪些知识点可能会考是不是？

乐乐：是。

我：哇，这个很厉害，妈妈以前就没有这样的思维，爸爸以前上学的时候就用过这样的思维，你可以向爸爸多请教。第四呢？

乐乐：第四就是我在考试时会抓作文。

我：你怎么知道要抓作文？

乐乐：因为作文有 25 分。

我：哦，你知道要抓重点了，作文是重点。

乐乐：对呀，阅读那些小题也就 5 分而已，我看到时间不够了，就赶紧跳过那道题去写作文了。

我：哇，这个是很大的进步啊，你以前经常到写作文的时候，发现时间不够用了，所以作文就匆匆收尾，是不是？

乐乐：是。

我：你看你抓重点的能力也培养出来了。妈妈总结一下，你这次之所以能够考得比较好，超出自己的期待，是因为第一，你认真对待了；第二，你广泛地搜集信息，把所有可能对考试有帮助的资料都看了一遍；第三，你自己分析了考点；第四，你抓取了重点，比如抓写作。还有吗？

乐乐：班上有些同学会购买学习笔记，但是我觉得老师写到黑板上的板书和 PPT 上的内容都是比较有用的，所以我就会把老师讲的内容记录下来，而不是选择购买课堂笔记。

我：妈妈觉得你选择自己去把老师讲的内容记录下来，做成自己的笔记，比直接购买课堂笔记的方法更好。

乐乐：是的，因为自己记录课堂笔记就可以把老师讲的内容印到脑子里。而别人做的课堂笔记，就像吃涮牛肉一样，在水里浸泡几秒钟，就出来了，并不会将笔记深刻地印到自己的大脑里。

我：哇，妈妈觉得"涮牛肉"的比喻特别好。妈妈觉得你这次真的进步好大。妈妈开心的并不仅仅是你考了 A，妈妈最开心的是你通过自己的分析、体验、研究，找到了考好的方法。

在我跟乐乐的对话里面，我会通过不断提问，帮助乐乐总结自己的经验。比如，我问乐乐："那你是怎么下工夫的呢？""你是怎么分析哪些知识点可能会考的呢？"就是在让乐乐去提炼他的成功经验。

第二，通过提问让孩子提炼失败经验。

如果孩子做得不好，失败了，我们一样也可以通过提问去帮助孩子提炼失败的经验，从而让孩子未来避免犯同样的错误，这也是一次很好的复盘。

比如，我们可以问孩子，"下次如果你想要得到更好的结果，你觉得你要避免什么呢？"

第三，帮助孩子总结他自己的经验。

有时候，孩子不具备自己总结经验的能力，这个时候，父母可以帮助孩子总结他的经验。

比如，我会帮乐乐总结：

"妈妈总结一下，你这次之所以能够考得比较好，超出自己的期待，是因为第一，你认真对待了；第二，你广泛地搜集了信息，把所有可能对考试有帮助的资料都看了一遍；第三，你自己分析了考点；第四，你抓取了重点，比如抓写作。还有吗？"

这样可以帮助孩子去强化一起复盘的关键信息，从而记忆更深刻。

考试对孩子来说，既是一件重要的事情，又是一件不重要的事情。

重要是因为，考试是对孩子阶段性学习的验收，能够帮助孩子看到自己在一段时间里付出的时间和努力，最后结果怎么样。

不重要是因为，考试并不能完全代表一个孩子的能力，它只是孩子成长路上一个非常小的阶段式里程碑。

所以跟孩子聊考试，不论孩子是哪种情况，最重要的就是复盘，复盘做得好的地方在哪里，做得不好的地方在哪里。

因为只有复盘，才可能帮助孩子把过去的成功经验转化成可以迁移到未来的能力，或者把过去的失败经验转化成可以吸取的教训，从而让未来的方向更加正确。

> **深度陪伴工具**
>
> **复盘**
>
> 复盘可以帮助孩子把过去的成功经验转化成可以迁移到未来的能力，或者把过去的失败经验转化成可以吸取的教训。
>
> 1. 通过提问让孩子提炼成功经验。
> 2. 通过提问让孩子提炼失败经验。
> 3. 帮助孩子总结他自己的经验。

启发式提问，激活孩子的多元思考能力

孩子的思考能力，不是凭空生出来的，而是在一次次的思考练习中，慢慢长出来的。

有些孩子每天都会主动思考很多事情，有些孩子不会主动思考，但这并不表示他们就没有思考能力或者不想思考。只不过他们需要一些外部的助力而已。这个时候父母可以通过提问去启发孩子思考。

有些本身就喜欢主动思考的孩子，他们的思考深度也会有一定的局限性，这个时候父母也可以通过提问去启发孩子进一步深度思考，从而激活孩子的多元思考能力。

所以，如果想要给孩子搭建脚手架，第二个深度陪伴工具就是"启发式提问"。

要如何进行启发式提问呢？

第一，问原因。

有一次我跟乐乐一起在公园草坪上晒太阳，乐乐看着爸爸的电子书，突然对我说："妈妈，我觉得电子书比纸质书要好。"

我：为什么你会这么觉得呢？

乐乐：因为电子书不需要像纸质书那么麻烦地去翻页。

我：是吗？纸质书翻页不也很简单吗？

乐乐：如果你在喝饮料的话，一只手就不好翻页，但是电子书就可以一手喝饮料，一手翻阅。

听完乐乐的回答，我发现确实是，我平时都没有想过。孩子的思维总是这么鲜活。

问原因时，可以多用"为什么"提问。

比如，我问乐乐"为什么你会这么觉得呢？"就是在问原因。

第二，问详情。

我和乐乐就电子书和纸质书的区别继续聊：

我：对哦，这一点妈妈没想到。还有其他好处吗？

乐乐：电子书不容易被损坏，纸质书一撕就烂了。

我：还有吗？

乐乐：储存量也不一样，电子设备里面可以放很多电子书，甚至是所有的书，但是一本纸质书就只有一本的内容。

我：还有呢？

乐乐：电子书不需要占用太多空间，纸质书一本一本的很占地方。

我：这个真的是，比如我们家一面墙的书架全部都是纸质书，如果是电子书，一个阅读设备就搞定了。还有吗？

乐乐：还有就是如果你很想看哪本书，你有电子书的话就可以立即搜来看，但是纸质书你还要去书店买，或者在网上买，等它寄到家里来才能看，没那么方便。

我：是的，这方面纸质书不如电子书快捷。还有吗？

乐乐：万一那个书店离家很远，你还要坐车。这样还会增加碳排放。

我：哈哈，你说得很对，是会增加碳排放，不环保。妈妈发现四年级的你逻辑思维能力提升了好多呀！

到这里，你是不是觉得跟孩子的对话就差不多结束了？其实我们还可以通过好的启发式提问，让我们跟孩子的日常对话变得更好玩、更有深度。

我：好，那我们现在来玩个游戏，刚才你是正方辩手，你的辩题是：电子书比纸质书好。那现在我们欢迎反方辩手乐乐登场，反方辩手的辩题是：纸质书比电子书好。

乐乐听到要玩游戏很开心，思考了一下，继续沉稳地提出他的观点。

乐乐：第一，纸质书更实在，能够让人清晰地摸到纸的感觉，每本书的手感都不一样，哪怕盲人也可以识别。

我：你说的是专门为盲人开发的纸质书，有凹凸不平的感觉，盲人可以通过触摸来读书，电子书确实没有这方面优势。还有吗？

乐乐：如果你想有一种仿古的感觉，就不能买电子书。而且有些人不认识电子书，跟他解释要花很长时间。

我：这个倒是，特别是老人家，比如让姥姥看电子书，她就不会操作，需要给她解释很久。还有吗？

乐乐：虽然纸质书没有电子书那么方便，但是可以同时看到更多文字。

我：为什么可以同时看到更多文字？

乐乐：因为我翻开纸质书，可以同时看到两页。

我：原来如此，是的，而且我还可以一边看前面几页，一边看后面几页，电子书就没那么方便。还有吗？

乐乐：没有了。

我：用手翻纸质书和翻电子书的感觉有没有不一样？

乐乐：妈妈，我又想到一个。翻动电子书的时候，如果铅笔屑落在上面就麻烦了，因为当你把铅笔屑抹掉的时候，电子书就会被翻到下一页了。

我：是的，因为只要你触摸了屏幕，屏幕就会做出相应的反应。还有吗？

乐乐：纸质书没有那么电子书那么容易损坏。

我：是吗？

乐乐：是呀，因为电子书有承载系统的设备，如果你不小心把电子设备从高处摔下去，电子书就会损坏，但是纸质书就不会。

我：是的，还有吗？

乐乐：纸质书不会让你犯懒惰症。

我：这是为什么呢？

乐乐（给我做了一个示范）：妈妈，你看电子书可以这样看，纸质书就不能这样看。

大概的意思就是我们躺在草坪上的时候，可以侧着身子，躺在那里，一只手去翻电子书，但是纸质书必须坐起来两只手拿着看。

乐乐：而且纸质书还需要这样夹住书页，要不然书就会自动合上。

我：是的，看纸质书时我们要用更标准的姿势。那你摸一下纸质书和电子书的感觉，有没有什么不一样？

乐乐：纸质书是由树木做成的，看纸质书就会想到树木被砍。

我：是的，同时我们也会感受到跟自然的联结，和生命力的联结。

我：你看你能够说出这么多正方的观点，同时还能说出这么多反方的观点，比起三年级的你，现在的你进步了好多，这就是你的成长啊。

这次聊天，我大部分时间都在问乐乐"还有吗"，通过不断追问"还有吗"，激活了乐乐的多元思维，他抛出了一个又一个观点。如果没有这些启发式提问，可能乐乐自己也无法意识到，原来自己能想出这么多东西来。

当我们问孩子详情的时候，通常可以用"是什么""在哪里""还有吗"之类的句式。

比如，我问乐乐"有没有什么不一样？""还有其他好处吗？"就是在问详情。

第三，问方法。

当我们问孩子方法时，可以多用"怎么做才可以……"或者"你觉得要怎么处理呢？"这样的句式。

小学阶段的孩子，逻辑思维能力在高速发展中，这样的启发式提问小游戏，每一位父母都可以在周末陪孩子户外玩耍的时候跟孩子一起玩。一方面可以促进孩子多元思维能力的发展，另一方面也能够让孩子意识到，"很多事情没有对错，只有观点的不同"。

我在跟乐乐对话时，还用到了一个小技巧，就是让孩子自己既提出正方观点，又提出反方观点，让他学会用自己的"反方观点"去推翻自己的"正方观点"，这就是学习把"二元对立"进行统一的开始。很多成年人都不具备"二元对立"统一的能力。所以，我们可以在孩子小的时候就去培养这样的思维模式。通过这样的深度陪伴，可以让孩子对世界更加包容、保持更加开放的态度。减少限制性信念，孩子的人生才会有更多可能性。

深度陪伴工具

启发式提问

启发式提问不仅可以促进孩子多元思维能力的发展，还能够减少限制性信念，让孩子的人生有更多可能性。

1. 问原因。
2. 问详情。
3. 问方法。

拆解目标，让孩子体验时间的复利

我见过很多父母，在孩子遇到困难时，自己也跟着一起急。本质上，这是因为这些父母自己也不知道应该如何帮助孩子跨越困难，当然孩子就更不知道了。

我见过有的妈妈因为孩子背不下来课文，逼着孩子背到晚上 11 点，勉强过关，最后大人和孩子都筋疲力尽。

我也见过有的妈妈因为孩子连一道简单的数学题都不会做，反复给孩子讲解，孩子还是不会，最后崩溃。

父母养育孩子的过程，如果忽略"时间"的因素，就很容易陷入"马上要出结果"以及"抓狂"的状态中。

比如，有些父母在孩子上小学后才发现，孩子不太认字，于是只好给孩子报"识字班"或者填鸭式地要求孩子每天必须学会认多少个字。

有些父母在孩子上小学后才发现，孩子的阅读理解能力很差，于是便又给孩子报一个相关的提升班或者买很多模拟卷，让孩子多刷题。

这就是忽略"时间"因素的父母的状态。

其实，孩子上小学之前，有 6 年时间呢。这 6 年时间都是在为小学做准备，完全可以把达到小学阶段的基本识字量和基本阅读水平作为一个小目标。通过对这个目标的拆解，在这 6 年时间通过深度陪伴去达成。

比如乐乐不到 1 岁，我就开始坚持每天给他读绘本，上小学之后，他已经有了大量的阅读经验，很快就能够切换到无图的纯文字阅读中，并且阅读速度在小学二年级左右就已经接近成年人的水平了。

这也是父母可以在帮助孩子提升多元能力方面，最应该做的事情。不要试图要求孩子在短时间内出结果，而是要把对孩子的期待拆解成一个个小目标，通过陪伴孩子成长，每天循序渐进地去达成。

所以，如果想要给孩子搭建脚手架，第三个深度陪伴工具就是"拆解目标"。

面对困难时，考验的是一个人拆解目标的能力。

可以说，大部分养育问题无法得到有效解决，都是因为父母不会拆解目标。在这里给大家分享三个小方法：

第一，把任务按照阶段进行拆分。

我曾经遇到过一个很大的挑战，就是帮助一年级的乐乐学会跳绳，并且赶上班级平均水平。那个时候，他完全不会跳绳，是班级为数不多的几个不会跳绳的孩子。不论我怎么教，老师怎么教，都跳不过去。乐乐很想学会，但是努力了很久还是不会，他很有挫败感。看到孩子这样，我的心里也不好受。说实话，当时这个挑战对我来说真的很大。

在我以前的认知里，从来不认为"跳绳还需要教"。

我小时候运动能力特别强，花式跳绳、花式踢毽子、单杠双杠爬杆、羽毛球乒乓球、长跑短跑，都不在话下，也没人教过我。

所以，我觉得这就是一种自然而然的能力，刚开始，并没有太当回事。

乐乐说不会跳，我就让乐乐爸爸、爷爷教他跳，找老师教。跳了几天之后，乐乐气鼓鼓地说："我不想学跳绳了，太难了。"因为他怎么都跳不过去。

我这才开始引起重视。后面通过"拆解目标"，花了大概 1 年的时间帮助乐乐达到了平均水平。

我是怎么帮助乐乐做目标拆解的呢？

答案就在下面这张图里：

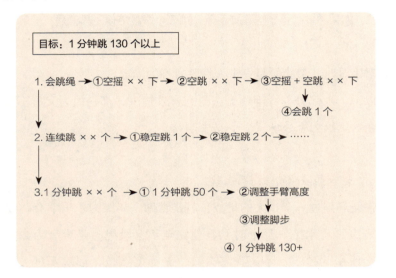

我把目标分成了三个阶段：

第一个阶段：让乐乐学会跳绳，只要他能够跳过去 1 个，就代表会了。

第二个阶段：让乐乐能够连续跳 N 个。

第三个阶段：让乐乐 1 分钟的跳绳数量达到班级平均水平。

每一个阶段的目标，我又进一步做了拆分，拆分到每一个具体的步骤，这些都是乐乐稍微一努力就能取得结果的。

就这样，我花了 1 周时间教会乐乐跳过去 1 个。这是他对跳绳产生兴趣的开始，因为有胜任感了。

又花了 1 个月时间，乐乐差不多可以连续跳 5 个。

1 个学期后，能做到 1 分钟跳 50 个左右，但是速度上不去，因为他习惯跳一下顿一下。

1 年以后，乐乐才赶上班级平均水平，1 分钟跳 100 多个。

2 年后，乐乐参加校运会跳绳比赛，很惊喜地拿了年级男子组第二名。

从此以后，不论乐乐遇到多大的困难，我都会问他："你觉得这个难度比起你一年级学习跳绳的难度，哪个大？"目前为止，他还没有遇到比他学习跳绳更难的事情，因为那件事情对他、对我来说真的是非常大的挑战。所以自从学会了跳绳，只要乐乐想做的事，再也没有哪件能难倒他了。

再比如孩子的语言能力发展，我们也可以分成三个阶段，第一个阶段是大量阅读阶段，第二个阶段是识字阶段，第三个阶段是写作阶段。按照这样的目标拆分，一步步走，父母会特别省心，孩子的能力发展也会特别高效。

第二，把任务按照数量进行拆分。

比如对于乐乐跳绳这个目标，本质上也是一个数量目标。我的目标是让乐乐 1 分钟跳的数量达到班级平均水平，但是乐乐的情况是不会跳。所以，我就会把目标拆解成几个阶段：先会跳 1 个，再会稳定地连续跳 N 个，最后才是 1 分钟跳的数量达到班级平均水平。这中间每一个阶段还可以不断拆解。

第三，把任务按照时间进行拆分。

比如孩子做作业这件事，假设作业总时长需要 1 小时，那么我们可以拆成 3 个 20 分钟，每学习 20 分钟休息 5~10 分钟，这样孩子效率会更高。

刚开始，孩子能力不行时，看起来是处于劣势，**但是如果父母能够帮助孩子进行合理的目标拆解，通过拆解目标帮助孩子取得一个又一个阶段性的小成功，一直到最后达成目标，这种时间带来的复利效应，是非常惊人的。**

孩子会发现，虽然刚开始自己落后一些，但是只要给他时间，告诉他正确的步骤，他就能够最终赶上大部队，甚至超越平均值。一旦孩子体验到时间的复利，在困难面前，他就会变得更有耐心，这才是真正的价值所在。

深度陪伴工具

拆解目标

拆解目标可以帮助孩子取得一个又一个阶段性的小成功，一直到最后达成目标。一旦孩子体验到时间的复利，在困难面前，他就会变得更有耐心，这才是真正的价值所在。

1. 把任务按照阶段进行拆分。
2. 把任务按照数量进行拆分。
3. 把任务按照时间进行拆分。

三个步骤，提升孩子解决问题的能力

很多父母特别追求效率和结果，所以当孩子遇到问题时，为了快点完成，父母很容易就做出"直接给答案"或者"帮孩子做"的行为。

这样做的结果就是，虽然成年人没有因为孩子的原因被拖时间的后腿，但是孩子失去了一个又一个学习如何解决问题的机会，影响了孩子多元能力的发展。

其实，我们在深度陪伴孩子的过程中，最大的价值之一，就是教会孩子解决问题的正确步骤。一旦孩子学会了解决问题的正确步骤，以后再遇到问题，就能尝试自己去解决了。解决问题的能力也就能在日复一日的练习中越来越厉害。

但是这里又会出现一个问题，那就是很多父母自己也不懂得解决问题的正确步骤，总是习惯性地马上给出解决方案。

比如孩子作业写了3个小时还没写完，父母的解决方案就是不断催促孩子或者凶孩子。

孩子发脾气在地上打滚儿，父母的解决方案就是"拿东西哄"或者"直接转身走开"。

这样解决问题的习惯，都忽略了一个非常重要的步骤，那就是分析原因。解决问题的实际步骤有三步，一步都不能少。

因此，如果想要给孩子搭建脚手架，第四个深度陪伴工具就是"解决问题三步骤"。

具体是哪三个步骤呢？要怎么做呢？

第一，定义问题。

有时候，父母眼中看到的问题可能不是真正的问题所在。所以重新定义问题是解决问题三步骤中重要的第一步。

有一次乐乐上网课迟到了，我问乐乐是怎么回事，乐乐回答："我的平板电脑没电了。"

平板电脑没电了导致上课迟到，也不是第一次了。

等乐乐上完课，我找他聊这个问题。

我：乐乐，妈妈注意到你因为平板电脑没电而迟到，至少有 5 次了。我想问一下是什么原因，你自己知道吗？

乐乐：那是因为我老是忘记给平板电脑充电。

刚才讲的我和乐乐的这个小故事，表面问题是孩子经常上网课迟到。如果我们把这个表面问题定义成真正要解决的问题，那么我们解决问题的方案可能是给孩子设置闹钟。但是这个方案可以解决这个问题吗？其实并不能。因为它不是真正的问题。

我跟乐乐的对话，大部分时间都是在一起定义真正的问题。真正的问题是上课时发现平板电脑没电了，这才是需要解决的问题。

第二，分析原因。

找到了真正的问题，再来分析背后的原因。我跟乐乐是这样沟通的：

我：那为什么会忘记给平板电脑充电呢？

乐乐：我也不知道。

我：有没有一种可能，是你跟爸爸在一起共用平板电脑，所以你跟爸爸对使用平板电脑的分工不太清晰？

乐乐：我觉得平板电脑主要是爸爸在用。

我：但是你也在用，所以也算共用，你觉得呢？

乐乐：是，但是平板电脑是爸爸的。

我：那你是不是觉得平板电脑是爸爸的，所以充电也就不是你的事，你只是使用者？

乐乐：是。

我：你想要享受什么样的权利，就要承担什么样的责任。你享受了使用平板电脑的权利，你就需要给它充电。

乐乐：我充电了呀，但是每天爸爸都会把电耗光。

我：原来如此，所以现在就涉及合作的问题了。你跟爸爸要商量一个合作机制，不用每天相互提醒，你们使用时都不会出现没电的情况。

乐乐：好。

通过探讨，乐乐发现，导致平板电脑没电的原因，其实是缺少清晰的合作机制，把合作机制重新设定一下，责任清晰了，问题也就可以解决了。

第三，解决问题。

找到了原因，解决问题的方案就很简单了。前面花了 90% 的时间去定义真正的问题和分析原因，最后只需要花 10% 的时间去找到解决方案就可以了。

最后，乐乐跑去跟爸爸商量，商量的结果是，爸爸主动提出，周一到周五平板电脑都由乐乐使用，乐乐使用完、充好电，爸爸周末使用，使用完再充好电。

找到了解决方案后，我跟乐乐一起复盘这件事：

我：通过今天这件事情，你觉得有哪些收获和启发吗？

乐乐：我的收获是，找人合作要确定好自己要干什么，对方要干什么，两个人要一起干什么。

我：非常好，这个就叫分工合作，你听过这个词吧？

乐乐：听过，但是我们之前只有合作没有分工。

我：那就叫随意合作。

乐乐：没有分工的合作就是你说了要合作，结果不做。

我：哈哈，对呀，这就是管理中经常会出现的问题。

……

通过复盘，乐乐对分工合作又有了更加深刻的理解，又是一次成长。

我一直认为，**每一次出现问题都是父母托举孩子成长的契机。**

在深度陪伴孩子的过程中，通过解决问题三步骤，父母可以把"问题"转化成"孩子成长的契机"。

当这一层思维改变时，我们就能够意识到，孩子的行为出现偏差时，正是孩子成长的关键时刻。带着这样的意识，我们很自然就能成为孩子的支持者，而不是批评者。

在孩子需要发展的多元能力里面，解决问题的能力是非常重要的一种。如果父母能够通过"解决问题三步骤"教给孩子正确的解决问题的思路，那么孩子也会变得更加有力量、自信、情绪稳定。

> **深度陪伴工具**
>
> **解决问题三步骤**
>
> 通过解决问题三步骤,父母可以把"问题"转化成"孩子成长的契机"。
>
> 1. 定义问题。
> 2. 分析原因。
> 3. 解决问题。

孩子抱怨时,是给孩子示范重构思维模式的好机会

我们都听过"言传身教"这个成语,但是大部分父母都没有意识到,教育孩子,"身教"的力量远远重于"言传"。

父母对孩子进行示范,就是在用"身教"的力量去影响孩子的行为甚至思维模式。孩子的第一任老师就是父母,父母说话的方式,父母思考问题的方式,父母习惯性的动作,甚至父母走路的方式,都会被孩子的心智潜移默化地吸收。

所以,如果想要给孩子搭建脚手架,第五个深度陪伴工具就是"示范"。

父母可以通过哪些方式给孩子尽可能有效的示范呢？

第一，给孩子示范应该如何正确表达。

有时候，一个表达的改变，就可以重塑一个孩子的思维模式，所以不要小看对表达的示范。

有一天下午我准备带乐乐和雄雄去公园玩。

我从 2 点半雄雄睡醒就跟乐爸说好了，等 3 点雄雄喝完奶我们就走，乐爸答应了。

结果等到 3 点 40，才准备出门。乐爸说，4 点他有一个线上会议，开会时他没法带雄雄和乐乐，我说没问题。

结果乐爸继续磨蹭。

我和乐乐实在等不及了，就带着雄雄先走了，让乐爸慢慢来找我们。

结果等到快 4 点，乐爸打电话说，这次会议需要用电脑，所以他必须在家里开完会再来找我们。我说好，那我们自己玩吧。

乐乐听完爸爸的电话，说："爸爸太磨蹭了，爸爸总是这么磨蹭。"

我：乐乐，妈妈猜你刚才其实想表达的是，爸爸今天特别磨蹭，对吗？

乐乐：是的，以前爸爸也出现过这样的情况，他总是很磨蹭。

我：是的，我知道爸爸以前也出现过很多次这样的情况，但是爸爸也有不磨蹭的时候，你同意吗？

乐乐：同意，但是很少。

我：没关系，重点是他也有不磨蹭的时候。所以我们用"总是"这个词就不太合适。我们可以说爸爸有很多次都特别磨蹭，你同意吗？

乐乐：同意。

这种场景我相信在很多家庭都不陌生。孩子可能会失望，会抱怨，这很正常。最重要的是，我们要通过示范帮助孩子学会正确地评价。"总是"意味着爸爸做好的可能性非常低，但是"有很多次"则代表爸爸也有做得好的时候。正确地评价不仅可以让孩子对爸爸满怀希望，爸爸听到了也会更有意愿去改变自己。

同时，这也关系到孩子思维模式的构建。

当一个人在表达一件不好的事情时，习惯在前面加上"总是"，其实很容易习得一种"事情很糟糕，事情很难有转机，事情很难改变"的思维模式。

而我希望乐乐能够养成"无论事情怎样，都有希望通过自己的努力去变得更好"的思维模式。

当我们能够去引导孩子发现，事情没有我们想象中那么糟糕，对方也没有我们想象中那么糟糕时，孩子的思维模式就在无形中被重构了。

第二，给孩子示范如何从不好的事情中看到好的一面。

我们都想要帮助孩子养成乐观积极的心态，可是具体应该怎么做呢？最简单的方法就是培养孩子"从不好的事情中看到好的一面"的能力。

这一点，也可以通过父母的示范去帮助孩子习得。

后面我和乐乐继续沟通：

乐乐：昨天我让爸爸给我买水果，结果爸爸特别磨蹭。过了很久都没买，我提醒他，他说忘记了，然后又没买，我提醒了好几次才记得买。

我：对，这确实也是一种磨蹭。不过我看到的跟你看到的不一样。

乐乐：哪里不一样？

我：我看到的是你一直在推动爸爸去行动，哪怕你提醒了爸爸好几次他都忘记了，你也没有放弃，还在不断地推动爸爸行动，最终达成了你的目标。我觉得你做得特别棒！

在我和乐乐的沟通中，我示范给乐乐如何从"爸爸很磨蹭"这件事中，看到自己的优点，这样乐乐就从能量非常低的"失落"状态变成能量比较高的"行动"状态了。

孩子的每一次抱怨，都是一次引导孩子去思考和重构思维模式的契机。

在每一个育儿场景里面，都蕴藏着很多深度陪伴的哲学。每一件小事都不起眼，但是如果一年 365 天我们都能够认真去对待这些小事，耐心地去示范给孩子看，深度陪伴的复利效应将会不可想象。

第三，给孩子示范应该如何行动。

在孩子成长的过程中，每一项能力都离不开反复练习。而反复练习的前提是，一定要有父母的示范。

比如说话，如果孩子 2 岁前父母没有大量地跟孩子说话，就起不到说话的示范作用，那么孩子学习说话的能力就会滞后。

比如阅读，如果孩子上小学前父母没有带着孩子一起阅读，或者自己没有坚持阅读，就起不到阅读的示范作用，那么孩子上小学以后仍需要父母花费大量精力去培养阅读习惯。

所以，一定要多给孩子示范如何去做。这种示范，不是父母光用嘴巴告诉孩子，而是要做给孩子看。

记住，对孩子的教育，"身教"比"言传"更重要。

深度陪伴工具

示范

父母对孩子进行示范，就是在用"身教"的力量去影响孩子的行为甚至思维模式。

1. 给孩子示范应该如何正确表达。
2. 给孩子示范如何从不好的事情中看到好的一面。
3. 给孩子示范应该如何行动。

顺势而为，轻松培养孩子的多元能力

世界上存在着各种各样的规律，比如天体运行的规律、四季轮回的规律、生老病死的规律、价值交换的规律等。

如果顺应规律，那么人会活得更加从容和轻盈。如果违背规律，人就会活得特别难受。你非要在寒冬穿一件单衣在户外溜达，不是不可以，但是你可能会被冻感冒。

养育孩子也是一样，每个孩子的成长都是有规律可循的。"发展心理学"就是专门讲人从出生到老去的心理发展规律的。

如果父母能够顺应这些规律，那么就可以更加轻松地培养孩子的多元能力。这就叫"顺势而为"。

接下来我们会分享三个"顺势而为"的深度陪伴工具和方法，帮助父母通过了解养育孩子的客观规律，轻松高效地提升孩子的多元能力。

孩子自己尝试的失败，比别人代劳的成功更可贵

在成年人的世界里，失败者是被看不起的，只有成功者才会被关注和

崇拜。所以，很多父母在养育孩子的过程中，很容易把成年人的这种思维代入。

为了避免孩子失败，情不自禁就代替孩子做了。

为了减少孩子失败，不断逼迫孩子超速成长。

其实，在孩子的世界里，失败才是常态。我回想了一下乐乐小时候，就连学习爬都失败了很多次才会，走路也跌倒过很多次才学会，但是现在还会有人嘲笑他"小时候学爬都不会""小时候学走路还跌倒了"吗？

因为我们知道，这是正常的，这是客观规律，绝大多数孩子都是从失败中学会了爬，学会了走，学会了跑，学会了跳。既然失败不可避免，那只有多多鼓励孩子不怕失败，才能让他多一些练习的机会，并且早一些从失败中获得成长和经验。

所以，如果想要做到"顺势而为"，第一个深度陪伴工具就是"**鼓励失败**"。

父母应该如何鼓励孩子失败呢？

第一，不要代替孩子去做。

有一天晚上，乐乐要吃藕粉，爷爷奶奶下意识地想要帮乐乐去冲，结果被乐乐严词拒绝了，乐乐想要自己冲。

爷爷奶奶担心乐乐冲不好，还会洒得到处都是，看到乐乐这么坚持，很生气地对乐乐说："看你自己弄不弄得好！"

最后乐乐自己确实没有弄好，他很挫败地自言自语："我弄失败了。"然后就落寞地跑进房间看书去了。

我知道，在一个人挫败的时候，多渴望被看见和鼓励，孩子更加是。

那段时间我正在二胎孕期，而且正是孕吐反应特别严重的阶段，嘴里全部都是孕吐反应的唾液，导致我基本无法讲话。于是我用手机敲了一段话，走到乐乐面前，递给他看：

"妈妈要夸奖你为自己争取到了独立的机会，虽然藕粉没做成功，但至少你按照自己的想法去尝试了，总结经验，下一次会更好。自己亲自尝试的失败，比别人代劳的成功更可贵。"

乐乐看完我的留言，脸上露出了释然的微笑。

一定要让孩子知道，比起别人代劳的成功，自己尝试的失败更加可贵。这就是失败的价值。所以，父母千万不要代替孩子去做事，否则就失去了一个让孩子体验失败、从中成长的好机会。

第二，把自己的失败经历或者厉害的人的失败经历讲给孩子听。

如果父母勇于在孩子面前袒露自己失败的经历，孩子就会知道，连厉害的爸爸妈妈都会经历失败，那我失败了又有什么关系呢？

我们这一代父母，小时候大都看过"爱迪生发明电灯"的故事，这其实是一个非常励志的故事。爱迪生失败了数千次，最后终于成功，那我们普通人失败一次、两次、三次、十次又有什么关系呢？

爱迪生说过一句话，"我并没有失败，我只是发现了一千种不可行的办法"。

把这样厉害的人的失败经历讲给孩子听，可以让孩子对自己的失败更加淡然，不会那么容易产生挫败感。

第三，在孩子失败时安抚孩子。

每个孩子对压力和挫败的承受能力是不同的，有些孩子挫败感更强，有些孩子抗挫能力更强。

所以，鼓励孩子勇于失败离不开对孩子的安抚。

当孩子挫败感非常强的时候，不要劝孩子看开点，"爱迪生都失败了一千次，你这点失败算什么？"

而是要使用我们在"亲子关系四要素"里讲到的"安抚"的方法，先去认同孩子的感受，等孩子情绪平复了，再跟孩子讲这些厉害的人的失败经历，孩子才会更容易从挫败中走出来。

经历失败是人生的常态，这个世界上大多数人一生中都会经历无数次失败，这是宇宙运行的基本规律，没有任何人可以改变这一点。既然这是必然会发生的，一味地帮助孩子避免失败就没有任何意义。作为父母，为什么不好好利用失败的机会，去帮助孩子成长呢？鼓励孩子不惧失败，是为了让孩子更早、更多地体验通过自己的努力取得成果的成就感。

接纳失败，也可以让孩子从小就认识到，失败没什么可怕的，失败也没什么不好意思的，失败就跟我们每天要吃饭、睡觉、学习一样，是非常正常的。

这才是培养孩子强大抗挫能力的最好方法。

> **深度陪伴工具**
>
> 鼓励失败
>
> 鼓励孩子不惧失败,是为了让孩子更早、更多地去体验通过自己的努力取得成果的成就感。
>
> 1. 不要代替孩子去做。
> 2. 把自己的失败经历或者厉害的人的失败经历讲给孩子听。
> 3. 在孩子失败时安抚孩子。

每个孩子都有自己的成长节奏

很多父母容易为孩子的事情焦虑,就是因为希望孩子按照父母的节奏或者其他孩子的节奏去成长。

为什么会有"别人家的孩子"出现?因为我们总是希望自己的孩子成为最优秀的那一个。

可是优秀的定义不是单一的,而是多元的。我们在前面讲过,一个孩子的能力是多元的,只要有一项能力是优秀的,那么孩子就可能变得很优秀,而不需要每一项能力都优秀。

所以,追求让自己的孩子成为"别人家的孩子"是没必要的,也是不现实的。孩子的天赋、孩子所处的环境、孩子所受的家庭教育、孩子所在的发展阶段、父母的认知等，都在影响着孩子的能力。

这里面有很多因素都是不可控的，或者是在短期内很难调整的。

比如，父母已经定居在了一个三线城市，但是却希望自己的孩子遇到的老师的素养可以和一线城市顶级学校的老师媲美，那是不现实的，即便马上搬家，也未必能遇到。

但是这里面有一个因素，是每一位父母——不论定居在哪里，不论曾经接受的是什么教育，不论家庭经济条件如何，不论孩子是否在某方面有天赋——都可以掌控的，那就是尊重孩子的节奏。

所以，如果想要做到"顺势而为"，第二个深度陪伴工具就是"**尊重孩子的节奏**"。

父母要如何做才能真正尊重孩子的节奏呢？

第一，不要拔苗助长。

我记得乐乐上幼儿园大班的时候，在幼儿园学会 5 以内的加减法之后，过两周就会忘记。

奶奶很着急，她记得乐乐表姐这么大的时候，5 以内的加减法早就学得滚瓜烂熟了。我安慰奶奶，没关系，本来加减法计算就应该在小学一年级学，时间没到，孩子不会是正常的。

果然，上了小学之后，开学才 1 个月，乐乐就把 5 以内的加减法做得滚瓜烂熟了。不是因为一年级的老师比幼儿园的老师更会教，而是乐乐学习这个知识的"最佳时间点"到了。

前后也就差半年时间，家长和老师付出同样的时间，孩子的能力提升却有着完全不一样的效果。如果我们把时间拉长到 10 年来看，早半年学会 5 以内加减法和晚半年学会，又有多大差别呢？

如果我跟奶奶一样着急，很可能就会选择"拔苗助长"的策略，给孩子报一个幼小衔接班，提前让孩子多练习计算，孩子学起来费劲、不开心不说，钱也白花了。

如果你发现自己总是催促孩子，总是恨不得拔苗助长，甚至恨不得拽着孩子往前跑，那你可以尝试去觉察内心深处，你是在把孩子跟谁比较，然后放下对比心，就会更愿意尊重孩子的节奏。

第二，降低自己的期待。

如果你总是一看到孩子落后就着急焦虑，那么不妨试着降低自己的期待。就像我前面分享的陪乐乐跳绳的故事，不需要一开始就要求孩子要像班级其他孩子一样一分钟跳 100 个以上，我可以降低期待，只要能跳过去 1 个就可以，这样我就更有耐心去尊重乐乐的节奏。

第三，发现孩子的天赋。

当你看到孩子在他的天赋方面发挥得很好时，面对孩子暂时落后的方面，你也会更有耐心去陪伴和等待孩子成长。

同样，当你知道孩子在某方面确实没有天赋时，你也能够放下高期待，放下拔苗助长的策略，更尊重孩子的成长规律，变得更加有耐心。

我特别喜欢网络上的这首小诗：

第五章 P能力，智慧地发展孩子的多元能力

有的人 22 岁就毕业了，

但等了 5 年才找到好的工作。

有的人 25 岁就当上了 CEO，

却在 50 岁去世。

也有的人直到 50 岁才当上 CEO，

然后活到 90 岁。

世界上每个人本来就有自己的发展时区。

身边有些人看似在你前面，

也有些人看似走在你后面。

但其实每个人在自己的时区都有自己的节奏。

不用嫉妒或嘲笑他们。

他们都在自己的时区里，

你也一样！

生命就是等待正确的行动时机。

所以，放轻松。

你没有落后，

你没有领先。

一切都准时，

在命运为你安排的属于你自己的时区里。

这就是"尊重孩子的节奏"的重要性。乐乐并没有因为在幼儿园时 5 以内加减法不如表姐或其他孩子掌握得熟练，就比其他孩子落后了。

当父母能够真正尊重孩子的节奏，十多年后你会发现，一切都很准时，在孩子自己的时区里。

> **深度陪伴工具**
>
> **尊重孩子的节奏**
>
> 尊重孩子的节奏，每个孩子都有着自己的时区。
>
> 1. 不要拔苗助长。
> 2. 降低自己的期待。
> 3. 发现孩子的天赋。

抓住学习的最佳时机，孩子的成长事半功倍

不是父母想教孩子什么，什么时候教效果都是一样的。学习是有最佳时机的。

2023 年春节，我带乐乐回四川老家过年，突然想起带乐乐玩"翻花绳"的游戏。虽然已经几十年没玩过了，但是我拿起绳子的那一瞬间，不需要思考，手指自然就知道如何翻了。不是我记性好，这是因为我在六七岁时就开始玩，是学习的最佳时机，反复练习就能形成一辈子的肌肉记忆。

什么时候学什么才是最快的、最容易内化成孩子的底层能力，是一种客观规律，也就是我们常说的人的发展规律。比如，我们常说"三岁看大，七岁看老"，其实也是在提醒父母教育孩子要抓住孩子学习的最佳

时机，千万不要在七岁之后才教给孩子一些好的品行习惯，那时可能就晚了。

所以，如果想要做到"顺势而为"，第三个深度陪伴工具就是"抓住孩子学习的最佳时机"。

父母要如何做才能抓住孩子学习的最佳时机呢？

第一，抓住孩子每个阶段的成长重点。

孩子在 18 岁成年之前，会经历很多阶段。

每一个阶段，孩子的成长重点都不一样。如果父母能够了解孩子每个成长阶段的规律，就能够抓住孩子学习的最佳时机，这样去养育孩子，会让孩子的成长事半功倍。

比如对于孩子的安全感培养。

有一些父母在孩子小的时候，工作很忙，就会把孩子送回老家让老人帮忙照顾，等到孩子大了，父母的事业稳定了，经济实力足够了，再把孩子接回来。

还有一些父母在孩子小的时候，会请老人或住家阿姨在家照顾孩子，自己则全身心扑在工作上，每天晚上孩子睡着了，父母还没下班，早上孩子醒来的时候，父母还在睡觉，一周也难得有陪伴孩子的机会。

这样做的结果就是，孩子会跟爷爷奶奶、外公外婆或者阿姨很亲，但是跟父母很难建立亲密的关系。

等到孩子上小学了，父母看到孩子学习出现问题了，想要管一管时，孩子根本就不愿意听取父母的意见。

这是因为，**在 0 ~ 3 岁这个阶段，尤其是 0 ~ 2 岁这两年，是孩子形成安全依恋最关键的阶段。在这个阶段，谁能给孩子深度的陪伴，谁就是孩子的安全依恋对象，谁就对孩子有更大的影响力。**

这就是为什么我生完二宝雄雄之后，坚持晚上自己哄睡、自己带睡。我也很想晚上多一些时间休息，安心地睡整夜觉。但是作为创业妈妈，白天我要工作，有时候晚上还要加班，所以唯一能让孩子对妈妈形成安全依恋的确定的方式，就是让雄雄睡觉时闻到的是妈妈的味道；晚上做梦哭了的时候，第一个听到的声音是妈妈的声音，他不需要睁开眼睛确认自己的安全，听到妈妈的安抚，马上就可以继续安心睡；每天早上起床睁眼看到的第一个人是妈妈，即便偶尔晚上妈妈加班无法赶回来哄睡，他也知道妈妈一定会回来的，第二天早上起来一定可以看到妈妈。

这种确定的感觉，让雄雄有着十足的安全感。

有些父母会在孩子 3 岁前频繁更换照顾孩子的人，比如爷爷奶奶和外公外婆各照顾一个月，或者频繁更换照顾宝宝的阿姨，这些都是严重破坏孩子安全感的行为。因为 3 岁以前，是孩子安全感形成的黄金期，尽量要保证照顾孩子的重要他人的稳定性，并且给到孩子深度陪伴。孩子有了很好的安全感，3 岁以后会特别好带。

再比如阅读习惯的养成。

很多父母，在孩子上小学之后，会对孩子认字少、阅读理解能力弱、作文半天写不出来感到很头疼。在双减政策出台之前，这些父母会选择花钱给孩子报一个快速识字班，或者阅读课、写作课。在学科辅导班被禁止后，这些父母就变得一筹莫展了。

这些问题的背后，其实很大一部分原因是孩子的阅读量太少。而养成孩子阅读习惯的关键期就是 0 ~ 6 岁。乐乐不到 1 岁就开始亲子阅读，坚持到幼儿园大班结束，上小学后自然就过渡到了自主阅读。有了大量的阅读经验，他的阅读理解能力、写作能力都不用我操心。对二宝雄雄，我更重视亲子阅读，从 3 个月开始亲子阅读，到 1 岁 7 个月时他已经养成了阅读习惯。每天早上上班前，雄雄吃完早饭，都会主动牵着我的手去他的专属书架前拿书让我给他讲。白天我不在家的时候，他会找爷爷给他读，晚上如果爸爸比我下班早，雄雄又会拉着爸爸的手让爸爸给他阅读绘本。

6 岁以前，孩子越早养成阅读习惯，阅读这件事情就越简单、越容易。反之，就越难、越复杂。

在孩子 6 岁以前给孩子养成阅读习惯，会让孩子受益终身。

抓住孩子学习的最佳时机，对父母来说，就是一种聪明的教育投资。用更少的时间、更少的资源、更轻而易举的方式，辅助孩子打下更牢固的人生基础。

第二，抓住孩子的"哇"时刻。

"哇"时刻，就是孩子最有兴趣、关注点最饱满的时刻。所以也是孩子学习的最佳时机，因为此时孩子的学习意愿是百分之百的。

在第四章中详细讲解了如何抓住孩子的"哇"时刻。

第三，抓住孩子的敏感期。

儿童敏感期的概念是由著名儿童教育家蒙台梭利提出的。

当孩子处于一个特定的敏感期，他会很积极、很自然地表现出他相应的倾向。当这个敏感期完全消退时，他这种积极的倾向和热情也就没有了。我们应该根据特定的敏感期给孩子提供充分的机会，让孩子建构特定的能力。因此，相应的给予孩子刺激的环境非常重要，没有合适的环境，孩子得到的会比他应该具备的能力少。而且过了特定的敏感期，孩子的热情和兴趣也会逐渐消失，学习起来会事倍功半。

在孩子 0～6 岁期间，有六大敏感期。如果父母能够抓住这六大敏感期，就可以在孩子多元能力培养上事半功倍。

1. 语言敏感期（0~6岁）

这段时期，是发展孩子语言能力、阅读兴趣和习惯、写字兴趣等的黄金期。这个阶段你跟孩子说话、讲故事越多越好，孩子爱听也爱学。

比如，乐乐是 9 个多月开始亲子阅读，雄雄是 3 个月开始亲子阅读，因为抓住了语言敏感期，所以他们从小就养成了阅读的习惯，我没有在他们的阅读上操心过。

如果父母错过了孩子 0~6 岁的语言敏感期，等到 6 岁以后才培养孩子的阅读习惯，那么难度就会大很多。

2. 运动协调敏感期（0~4.5 岁）

这个阶段是发展孩子爬、站、走、跳、跑、手眼协调、双手协调的黄金期。孩子愿意自己动手尝试，孩子会走路以后也喜欢到处跑跳探索。

如果父母在孩子 1 岁左右就允许孩子按照自己的意愿拿勺子吃饭，那么 2 岁左右孩子基本上就可以自主吃饭，而且勺子拿得比较稳；但是如果父母不抓住这个敏感期，那么很可能孩子 3 岁了还不能自主吃饭，甚至不愿意自己吃饭。

再比如，如果父母在孩子会走路以后，就少抱孩子，少推婴儿车，让孩子多自己走路、跑步，自己拿力所能及的物品，那么孩子长大后的运动能力就不会差。但是如果错过了这个敏感期，孩子被保护得太好，小学后可能就会运动能力偏弱，甚至"手无缚鸡之力"。

3. 秩序敏感期（1~3 岁）

这个阶段的孩子会出现"某件事情一定要按照他的想法去进行"的行为。比如，妈妈的包包只能妈妈拿，爸爸拿了宝宝就会闹；小汽车玩完一定要放回固定的箱子里；电梯只能宝宝按，其他人不能按等。

这其实是在发展孩子的内在规则和秩序感。如果我们抓住这个敏感期去培养孩子整理分类的习惯，真的是事半功倍。

4. 感官精致化敏感期（0~4岁）

这个阶段是孩子感官功能发展的黄金期，包括视觉、听觉、嗅觉、味觉、触觉。所以要多带孩子去运用这些感官的功能。

有些孩子不喜欢光脚踩在沙子里，很重要的一个原因可能就是父母很少让孩子去体验沙子的粗糙触感。

5. 细微事物敏感期（1~3岁）

这个阶段的孩子会沉迷对细微事物的观察，比如观察小蚂蚁、绘本上的细节、用手指捻起妈妈掉在地上的头发等。

如果我们能够抓住这个敏感期，那么孩子对细小事物的观察能力会再上很大一个台阶。不要小看这个能力，很多孩子上了小学之后，做作业总是漏题、看错题、经常找文具，其实就是这项能力太欠缺。

6. 社会行为敏感期（2.5~6岁）

如果父母希望自己的孩子成为一个拥有高社交商的孩子，那么一定要抓住社会行为敏感期，去发展孩子的合作能力、解决冲突的能力以及沟通能力。

在这期间，多给孩子创造同伴社交的机会，并且给孩子一定的空间自己去解决问题。

综上，如果你能抓住孩子这三个学习的最佳时机，你会发现，养育孩子会变得特别轻松、从容，再也不会总被问题追着走了。

> **深度陪伴工具**
>
> **抓住孩子学习的最佳时机**
>
> 学习是有最佳时机的,抓住这些最佳时机,父母和孩子都会很轻松。
>
> 1. 抓住孩子每个阶段的成长重点。
> 2. 抓住孩子的"哇"时刻。
> 3. 抓住孩子的敏感期。

培养孩子的多元能力是深度陪伴 RAP 养育法的最后一环,孩子的多元能力培养和行为之间的关系,就像厨师的厨艺和美味佳肴之间的关系。厨师的厨艺越好,做出来的饭菜就会越好吃。如果厨师的厨艺不行,就算有很好的食材,最后做出来的饭菜味道也可能会大打折扣。

同样,如果父母只是跟孩子构建了亲密牢固的关系,培养了孩子学习的内驱力,但是忽略了多元能力的培养,最后孩子仍然可能会出现能力不足、学习不好的情况。

所以,对孩子多元能力的培养同样不容忽视。

提升孩子多元能力的三大秘诀——聚焦优势、搭建脚手架、顺势而为,以及对应的 10 个深度陪伴工具需要反复练习,以帮助孩子成为具备多元能力的人。

后　记

深度陪伴 RAP 养育法，
赋能父母成为更好的自己

深度陪伴 RAP 养育法，让父母与孩子双向滋养

2018 年，我的第一本书《深度陪伴》出版时，我曾认为，我一直在"深度陪伴"我的孩子长大。五年后的今天，我才意识到，我的孩子也在"深度陪伴"我再次成长。

小时候的我，觉得父母不爱我，所以内心非常缺爱，而现在的我，不仅在陪伴孩子成长的过程中疗愈了内在爱的匮乏，还有能力把更多的爱给到我的读者们。

在生孩子之前，我是一个脾气特别暴躁的人。那时候的我，跟乐爸发生冲突后，会情绪内耗好几天都无法恢复正常的工作和生活节奏；乐乐很小的时候，我也会经常忍不住对他大吼大叫。但是现在的我，不仅情绪变得越来越平和，就连本来特别快的语速都不知不觉变慢了，甚至很多读者

后 记

以为我天生很耐心、很温和。

在老大乐乐 2 岁之前，我在全球第三大的游戏公司 Ubisoft（育碧）成都工作了很多年，每天过着朝八晚五的稳定生活。那个时候的我，没有什么喜好，也没有梦想，对工作也谈不上喜欢，每天下班后最喜欢做的事情就是逛街购物或者上网追剧。但是现在的我，不仅在陪伴孩子成长的过程中找到了自己热爱的育儿事业，还找到了人生意义和使命，以及毕生要做的事情——让中国千万家庭都能因为深度陪伴而受益，让这些家庭里的妈妈在被支持和陪伴的环境中去深度陪伴孩子长大，并且在这个过程中，让自己和孩子都得到爱的滋养。

如果妈妈在养育孩子的过程中，体验到的只有劳累、辛苦、不被理解、不被支持，无休无止地被消耗，我相信没有任何一位妈妈有信心坚持下去。但是如果妈妈在养育孩子的过程中，不仅能体验到养育孩子的快乐、轻松，自己还能被反向滋养，我相信没有任何一位妈妈会抱怨，妈妈的情绪也会变得更加稳定和积极。

妈妈的情绪好了，在夫妻相处的过程中，才会有更多耐心去调动爸爸参与有效陪伴的内驱力，还能帮助爸爸增进跟孩子的亲子关系，提升爸爸陪伴孩子的多元能力。在这几个方面，深度陪伴 RAP 养育法同样适用。

在深度陪伴的家庭里，是以妈妈为中心的，妈妈变得更好了，孩子一定会变得更好，爸爸自然也会慢慢跟上，变得更好，整个家庭氛围就会更加和谐。

所以，不论你现在养育孩子感觉多辛苦、多累，不论你遇到的养育问题有多少，不论你多么容易情绪失控、对孩子大吼大叫，不论你多么不被丈夫理解和认可，不论你和公婆的隔代养育理念差异有多大，只要从今天开始，用心去践行深度陪伴 RAP 养育法，你就会慢慢体验到我体验过的"人生第二次成长"带来的"反向滋养"。

不要浪费你的痛苦和迷茫，让它们借由"深度陪伴 RAP 养育法"，变成你成长的契机，赋能你成为更好的自己。

深度陪伴 RAP 养育法，每位父母都能轻松做到

从 2016 年开始，我坚持在微信公众号"张杨深度陪伴"写原创育儿文章，三年时间，创作了上百万字。

"学完深度陪伴，让我感到心中有方向，脑中有理论，手上有资源，脚下有路线。"

"我阅读的第一本育儿书就是张杨老师的《深度陪伴》，后来也陆续阅读了一些其他的育儿书籍，相比之下，我更喜欢张杨老师书中的理念。"

"平时我读一本育儿书少则半个月，多则无期限，而《深度陪伴》这本书全都是一个个温暖的小故事，特别触动我，所以读起来也特别轻松，两三天我就全部读完了。"

"在书中，张杨老师讲的大都是自己的经历、心得和体会，让我感觉这个孩子就在我的身边，所发生的事情就跟我亲自看到和经历的一样。"

"我自己对心理层面也很重视，但是全职带小孩子这几年有点崩溃，就把很多专业的东西都遗忘了，看了张杨老师的书不知不觉又拾起很多。"

后 记

这些读者妈妈们的反馈和认可,也是我十年如一日源源不断笔耕原创育儿文章、不追热点、只输出有价值的内容的动力。

又经过五年深度陪伴的践行,以及对大量学员的深度陪伴,才沉淀了深度陪伴 RAP 养育法的整个体系,才有了现在的这本书——《深度陪伴 RAP 养育法》。

现在的父母们,可以从网络上轻松获取很多育儿资讯,可是不论是文章、视频,还是音频,大部分信息都太碎片化。

有的人会告诉你,不要让孩子学那么多知识性的东西,就让孩子每天玩,开心地玩,带他到处去玩就可以了。有的人会说,不要天天管孩子,要让孩子每天自由成长,完全放养;还有的人会告诉你,欧美国家的精英家庭,都是给孩子补课的,人家的孩子一天安排得可满了,鸡娃是对的。

当你不懂底层逻辑的时候,听到 A 观点觉得好像很有道理,听到 B 观点也觉得很有道理,听到 C 观点依然觉得很有道理。每个人都讲得很有道理,但是可能 A 观点和 B 观点是矛盾的,B 观点和 C 观点是矛盾的,A 观点和 C 观点也是矛盾的。

到底哪个观点是对的?父母到底应该如何做?

答案是,父母要学习家庭教育的系统性知识和底层逻辑。

底层逻辑是什么?底层逻辑就是教育里面那些不能变的东西。举个例子,孩子到底应该放养还是不放养,这是方法论,放养也可以,不放养也可以,依孩子而定。但是不论是放养还是不放养,最后都离不开一个底层逻辑,那就是孩子能不能感受到父母对他的爱?孩子有没有安全感?孩子的内心是不是富足的?放养还是不放养,都没关系,父母只需要去看哪一种方式更轻松，孩子更容易接受，并且又能满足刚才我们说的底层逻辑。

什么是系统性知识？系统性知识就是把教育当成一个系统来进行。如果今天孩子做作业拖拉磨蹭，就想学习如何让他不磨蹭，这叫碎片化学习。因为父母只看到了孩子磨蹭这一个点，但是没有看到孩子的学习系统是怎么运行的。有的父母可能会为了解决孩子磨蹭的问题，在孩子做作业时守在他的旁边，让孩子必须按照自己的要求做，不能抠橡皮、不能走神，虽然看似盯着孩子把磨蹭这个问题解决了，但是可能影响了孩子学习内驱力整个系统的建立，最后可能伤害到了更重要的东西。

这就是系统性学习和片面性、碎片化学习的区别。父母永远要把对孩子的养育当成一个系统，而不要只看某一个点。

在本书里，深度陪 RAP 养育法讲的全部都是系统性知识和家庭教育的底层逻辑，让每位父母在陪伴孩子的过程中，不再轻易被碎片化的方法论所带偏，不再因为别人的某个育儿观点而焦虑，面对各种各样的育儿方法时不再眼花缭乱，而是能够从容地、自信地形成一套属于自己孩子的陪伴方案，既滋养孩子，也滋养自己。

也许读完这本书，正是实践深度陪伴的开始。跟我一起，正式开启深度陪伴 RAP 养育法行动之旅吧！